TOT BIST DU NOCH LANGE GENUG

Depressionen - Es kann jeden treffen!

Suizid - Warum (NICHT)?

Text und Grafik: Jo Vari

© 2016 by Jo Vari

Für

Ewunia

Inhaltsverzeichnis

Prolog

Depression?

„Weichei!"
„Memme!"
„Sensibelchen!"
„Hab' dich nicht so!"
„Reiß dich zusammen!"

Von wegen!

„Zusammenreißen geht nicht, wenn es einen so richtig erwischt hat!" Und es kann dich genauso gut treffen wie mich! Deine Großeltern, deine Kinder, dein Partner, deine Kollegin, ob Mann oder Frau, ob Penner oder Präsident – niemand ist vor dieser heimtückischen Krankheit gefeit, die in Deutschland inzwischen die Rekordzahl von ca. fünf Prozent der Bevölkerung vereinnahmt, nicht eingerechnet eine Dunkelziffer, die häufig dadurch bedingt ist, dass viele Betroffene Angst davor haben, sich zu outen und somit keine professionelle Hilfe in Anspruch nehmen oder deshalb, weil die Diagnose „Depression" einfach nicht gestellt wird. Denn oft tritt sie nur „maskiert" auf und nicht jeder Facharzt erkennt die wahren Ursachen hinter den Rückenschmerzen...

Depressive Menschen leiden ungeheure psychische und zusätzlich oft auch körperliche Qualen. Wenn sie sich durch Medikamente „betäuben" (lassen), um ihre Leiden etwas erträglicher zu gestalten und nicht ausschließlich Gedanken an den besten Weg in den Freitod zu generieren, ist das oft nicht viel besser. Denn sicher haben Antidepressiva ihre Daseinsberechtigung und sind nach anerkannten Studien oft unabdingbar notwendiger Therapiebestandteil. Zeigen sie aber unerwünschte Nebenwirkungen, werden auch diese von vielen Patienten oft als schier unerträglich empfunden.

Viele (ehemals) Betroffene werden sich vermutlich, zumindest in Teilen, in der einen oder anderen Erzählung wiederentdecken. Gibt es doch, bei aller Unterschiedlichkeit der Krankheitsverläufe und unbestrittener Individualität, immer wieder gleiche Entstehungsursachen und Verlaufsmuster. Das kann durchaus Mut machen, wenn man weiß, dass es anderen, vielen anderen, sehr vielen anderen, genauso geht!

Die in den ausgewählten Lebensgeschichten dieses Buches dargestellten Einzelschicksale und die Abhandlung im Epilog sollen den (Ex-)Patienten zeigen, dass es sich lohnt, durchzuhalten und den Ausweg aus ihrer scheinbar ausweglosen Situation nicht im Suizid zu suchen!

Vor allem soll das Buch aber auch all jenen die Augen öffnen, die (noch) nicht begreifen können, dass eine Depression eine ernsthafte Erkrankung ist!

Es soll Verständnis wecken für die ungeheure Schwere der Last, welche getragen werden muss.

Es soll den Blick schärfen für all die Probleme, mit denen depressiv Erkrankte zu kämpfen haben.

Es soll anhand von, größtenteils auf wahren Begebenheiten beruhenden, Lebensgeschichten transparent machen, dass diese Patienten nicht „NICHT WOLLEN", sondern tatsächlich „NICHT KÖNNEN"!

Es soll ein gesellschaftliches Tabuthema aufgreifen und zum Nachdenken und zur Diskussion anregen.

Es soll letztendlich helfen, Menschen mit Depressionen (besser) verstehen zu lernen und ermutigen, sich überhaupt mit diesem Thema auseinanderzusetzen!

****

Und noch einmal: In etwa jeder zwanzigste Bundesbürger leidet an einer diagnostizierten, behandlungsbedürftigen Depression! – Wie viele Menschen kennst du? Und von wie vielen weißt du, dass sie wegen einer Depression therapiert werden?...

(1) GESCHIEDEN: Tim {10 Jahre}

Was? Du glaubst das nicht? Zu jung? Es ist Realität! Tatsächlich geschehen! Der kleine Kerl steht in der engen Bodenkammer und hat sich einen Gürtel um den Hals gelegt. Er zieht die Schlaufe langsam zu und befestigt das Gürtelende an einem dicken Nagel im Dachbalken. Dann geht er in die Hocke, bis der Gürtel immer straffer wird. Er ist gespannt darauf, was jetzt passiert. Wird er nach Luft schnappen müssen, wie ein Fisch an Land? Wird er gleich bewusstlos und „alles ist vorbei"? Wird es „wehtun"? Angst hat er keine. Aber wie kann ein Zehnjähriger auf solche Gedanken kommen!?

Bis vor zwei Jahren war ja noch alles in bester Ordnung. Ein liebevolles Elternhaus, große Geschwister, Freunde in der Schule, von den Lehrern gelobt. Liebe und Anerkennung auf breitester Front. – Alles paletti! Bis dahin eine glückliche Kindheit. Und dann streiten sich die Eltern immer häufiger und immer heftiger. Tim wird immer wieder unfreiwilliger Zeuge, wenn die beiden aneinandergeraten. Mama kommt, um sich bei Tim auszuheulen. Papa macht sich rar, nicht wegen der Kinder, sondern weil er der ständigen Konfrontation ausweichen möchte.

Wenn die Auseinandersetzungen zu lautstark werden, schaltet Tim das Radio ein oder singt selbst, um sich das nicht anhören zu müssen. Selbst singen klingt nicht so schön. Aber es hört ja keiner. Und bald kann Tim pfeifen. Gepfiffen könnte man seine Melodien ertragen, aber er muss sie ja nur selbst hören.

Oft liegt Tim in seinem Zimmer und liest und liest und liest. Hier entflieht er der Wirklichkeit. Er reitet mit Winnetou durch die Prärie oder ist auf einer Expedition zum Nordpol. Er ist alleine und muss keine Auseinandersetzungen seiner Eltern miterleben, die ihn krank machen.

„Die ihn krank machen?" Er weiß es noch nicht, aber er ist es schon. Sozialer Rückzug – er spielt kaum noch mit Freunden. Er schämt sich vor ihnen, dass seine Eltern sich trennen werden. Denn dass dies unausweichlich geschehen wird, hat er intuitiv begriffen. Er weiß, dass er keine Schuld daran trägt. Aber er schafft es auch nicht, die Eltern irgendwie wieder zueinander zu bringen. Immer weiter zieht er sich zurück, isoliert sich förmlich. Die Eltern bekommen es anscheinend überhaupt nicht mit. Er wird immer ruhiger und introvertierter. Dann ist es soweit. Die lang angebahnte Scheidung der Eltern ist da. – Umzug mit der älteren Schwester und Mama in eine andere Stadt. Sie können im Dachgeschoss des Hauses der Großeltern wohnen. Tim bekommt mit, dass seine Mutter völlig überfordert ist. Sie muss im Schichtdienst arbeiten und beginnt nebenher auch noch eine Ausbildung. Er hört sie ab, wenn sie die Zeit hatte, sich etwas einzuprägen. Tim hört den Lehrstoff so oft, dass er sich selbst in der Lage fühlen würde, die Prüfungen abzulegen, die seiner Mutter bevorstehen.

Natürlich ist der Wohnortwechsel auch mit einem unmittelbaren Schulwechsel verbunden. Die Lehrer sind nett. Aber durch seine Introvertiertheit findet Tim keinen Anschluss.

Er möchte auch niemandem etwas von sich oder seiner Familie preisgeben. Und das macht ihn zum perfekten Mobbingopfer. Aber darüber redet er natürlich auch mit niemandem. Denn seine Mutter kann keine weiteren Sorgen gebrauchen. Also zieht er sich immer weiter zurück.

Tim steckt in einem Teufelskreis. Aber er wird keinem Menschen gestatten, in seine Seele zu schauen. In der Schule erbringt er Bestleistungen und wird damit für seine Mitschüler zum „Streber" und zur noch besseren Zielscheibe für Hänseleien. Tim glaubt, das alles ganz gut wegstecken zu können, aber in ihm verdorren seine Gefühle. Und die, die er noch manchmal hat, kann er nicht mehr ausdrücken. Natürlich sind auch, selbstverständlich immer hinter verschlossenen Türen, Tränen geflossen. Aber auch die gibt es nun nicht mehr. Eigentlich tut gar nichts mehr weh. Das ist nicht mal das Schlechteste.

Und mit der Zeit lernt Tim sogar, eine Fassade zu tragen, die seiner Familie eine heile Welt vorgaukelt. Sicher hat seine Mutter ein kleines bisschen von seiner seelischen Fehlentwicklung mitbekommen, aber längst nicht die volle Bedeutung erfasst, die Tim möglicherweise sein Leben lang verfolgen wird. Und er tut ja auch alles dafür, dass seine Mutter sich seinetwegen nicht sorgen muss. In der Schule ignoriert er einfach alle Angriffe. Wie bösartig doch schon Kinder sein können! Aber einen kleinen Lichtblick gibt es hier. Da sind zumindest zwei Mitschüler, die das gehässige Treiben der anderen nicht mitmachen. Sie ergreifen keine Partei für Tim, aber respektieren ihn in seiner Andersartigkeit.

Diese Andersartigkeit liegt in der tiefen Depression begründet, in die Tim immer weiter hineinrutscht. Auch, wenn er sich keine Schuld gibt an der Trennung seiner Eltern, er fühlt sich doch massiv schuldig an seiner eigenen Situation. Aber er kann nicht das Geringste dafür!

Unbeobachtet versinkt er in tiefe Traurigkeit und grübelt dann lange über alles Mögliche nach, ohne zu einem Resultat zu gelangen. Oft hat er zu nichts wirklich Lust. Nur sein Pflichtgefühl lässt ihn weiterhin schulische Bestleistungen abliefern. Seine ausgeprägte Auffassungsgabe erleichtert ihm dies enorm. Aber deswegen so etwas wie Glück zu empfinden? – Weit gefehlt!

Manchmal fragt sich Tim, wozu er überhaupt lebt. „Hat das alles einen Sinn?" Na ja, seine Großeltern haben bestimmt auch viel Schlimmes erlebt. Aber sie sind immer positiv gestimmt, freuen sich vor allem immer, wenn Tim sie aufsucht. Da kommt ihm der Gedanke, dass es doch schön sein muss, wenn er mal Großvater wird. – Eigentlich ein schöner Gedanke, ein belebender, ein motivierender Gedanke! Aber einfach alles hinter sich lassen zu können und sich nicht weiter quälen zu müssen, ist anscheinend noch verlockender. Und so findet sich Tim am Nachmittag eines heißen Sommertages in der brütend heißen Dachkammer wieder.

Der Gürtel legt sich immer enger um seinen Hals. Ist es reine Neugier, die ihn zu diesem „Experiment" treibt? Oder ist es tatsächlich Lebensüberdruss? Tim ist überrascht, dass er noch atmet. Eigentlich hat er mit einem schnellen Ende gerechnet.

Als er den Gürtel noch etwas fester zieht, merkt er, wie sich das Blut in seinem Kopf staut. Solch einen Druck hat er noch nie verspürt. „Ist das jetzt das Ende?" Zum Glück nicht! Tim öffnet den Gürtel leicht und merkt, wie sich das Blut wieder in seine normalen Bahnen begibt. Und Tim wird, wie auch immer, noch Jahre voller Erniedrigungen und Anfeindungen ertragen und „überleben". Er wird immer ein Einzelgänger bleiben, aber doch eine Familie gründen und Kinder und Enkel sehen. „Ja, das ist es, was ich mir als Zehnjähriger ausgemalt habe! Wie gut, dass ich damals nicht Schluss gemacht habe! Was hätte ich alles Schönes nicht erleben können! Und wieviel Kummer hätte ich meiner Familie bereitet! Wenn ich noch einmal in der damaligen Situation wäre: Ich würde gar nicht erst einen Gürtel suchen, sondern gespannt sein auf das, was da noch Gutes kommt im Leben!"

Jetzt, mit Jahrzehnten Abstand, die zweite Lebenshälfte mit Sicherheit schon angebrochen und dem natürlichen Ende immer näher kommend, sieht alles ganz anders aus. Tim hat begriffen: „Tot ist er noch lange genug!" Denn der Tod ist unumkehrbar. Es gibt kein Zurück! Und das Leben ist lebenswert, auch, wenn es ein ständiges Auf und Ab gibt und selbst dann, wenn es immer wieder eher Richtung Tal als aufwärts geht. Aber es wird nie nur bergab gehen und es wird immer eine Zeit kommen, wo doch im Laufe des Lebens, vielleicht völlig unverhofft, Freude einzieht. Aber man muss sich darauf einlassen und es zulassen. Irgendwann wird einen irgendetwas lächeln lassen. Spätestens dann weiß man, dass es sich gelohnt hat, durchzuhalten und nicht das Leben wegzuwerfen.

(2) LIEBESKUMMER: Lena {15 Jahre}

Die Tränen quellen bereits stundenlang und endlos aus Lena's entzündeten Augen. Ihr eigentlich wunderhübsches Gesicht ist dadurch fast schon entstellt. Sie liegt, seitlich zusammengekauert, auf ihrem Bett und ist zu keinem klaren Gedanken fähig.

„Warum nur hat Micha Schluss gemacht mit mir? Ich liebe ihn doch! Wenn ich in seiner Nähe bin, nein, schon, wenn ich an ihn denke, fängt mein Herz wie irre an, zu rasen und schlägt mir bis zum Hals! Und er hat mir doch auch, gerade noch letzten Monat, gesagt, dass er mich liebt! Wenn wir uns küssen, vergesse ich alles ringsumher und am liebsten würde ich nie aufhören! Wenn er mich be- rührt, durchläuft mich jedesmal ein wonniger Schauer und ich wünschte, dass er mich nie loslässt! Und jetzt hat er mich nicht nur losgelassen, sondern ganz verlassen, fallen gelassen!"

Ein neuer Heulkrampf erschüttert Lena. Sie schluchzt laut, aber schon völlig heiser. Denn in diesem Zustand verharrt sie nun schon fast vier lange Wochen. Oh nein! Das ist beim besten Willen nicht nur „einfacher" Liebeskummer, sondern eine handfeste, sich tief eingrabende, bereits stark ausgeprägte Depression! Immer wieder gibt Lena sich die Schuld daran, dass ihr Micha sie verlassen hat. Und immer stärker hört sie den inneren Ruf: „Ohne Micha hat das ganze Leben keinen Sinn! Hör doch einfach auf, zu leben!" Und in gewissem Sinn hat sie das auch schon ge- tan, ohne, dass sie dazu aktiv werden musste:

Seit vier Wochen	isst sie so gut wie gar nichts mehr.
Seit vier Wochen	geht sie nicht mehr zur Schule.
Seit vier Wochen	will sie niemanden sehen, nicht mal ihre beste Freundin oder ihre Mutter.
Seit vier Wochen	macht sie sich massivste Vorwürfe.
Seit vier Wochen	fühlt sie sich weggeworfen und völlig wertlos.
Seit vier Wochen	findet sie keinen erholsamen Schlaf.
Seit vier Wochen	hat sie immer wieder, und immer stärker werdend, diesen Gedanken: „Mach doch einfach Schluss!"

Und dieser Gedanke nimmt nun Gestalt an. Die Salzwasserfluten versiegen. Lena's Blick wird starr und zielt in eine unbestimmte, weite Leere. Sie bewegt sich zu ihrem Bücherregal und holt einen schwarzen Taschenkalender heraus. Sie hat vier lange Wochen nichts mehr eingetragen, weil sie keine Kraft dazu hatte. Aber jetzt greift sie zu einem roten Stift. „Ja, rot wie die Liebe und rot wie das Blut, das bald nicht mehr durch meine Adern fließen wird." denkt sie und schreibt: „Ich liebe dich, Micha! Ich kann nicht leben ohne dich!" Und ein großes rotes Herz ziert die letzte Seite in ihrem ganz persönlichen Tagebuch.

Lena weiß, dass ihre Mutter manchmal starke Schmerzmittel nehmen muss und immer starke Tabletten, um schlafen zu können. Sie steuert auf ihren Nachttisch zu und nimmt sich von jedem Medikament zehn Stück. In der Küche gießt Lena Wasser in ein Glas und löst die Tabletten darin auf. Dann trinkt sie alles auf ex aus. Dass diese Mixtur widerwärtig schmeckt, bemerkt sie gar nicht.

Lena ist ganz ruhig. Aber nicht durch die Medikamente, die wirken nicht so schnell. Sie fühlt einfach nichts. Oder doch? Ja, da ist die Gewissheit, nicht mehr leiden zu müssen. Und ihr Gesicht zeigt fast den Anflug eines Lächelns. „Endlich Ruhe! Endlich keine Schmerzen mehr!" Lena liegt in ihrem Bett und schläft sich ins Jenseits. Sie spürt noch kurz eine Schwerelosigkeit und dann setzen tiefe Atemzüge ein. Sie schläft immer tiefer, immer fester...

„Hallo Lena!" Eine weiß bekittelte Frau lächelt die Teenagerin freundlich an. Lena's Gedanken beginnen, zu rotieren. „Was war doch gleich...? Ich habe doch Tabletten genommen...! Warum lebe ich denn noch? Wer ist diese Frau? – Na ja, anscheinend eine Ärztin..." Aber diese schaut Lena so teilnahmsvoll an, dass sie sich nicht gegen ihre Tränen wehren kann. Und als die Ärztin sie dann noch in ihre Arme schließt und ihr über den Kopf streicht, fühlt sie sich geborgen, wie vielleicht in ihrem ganzen Leben noch nicht. Minutenlang lässt sie sich völlig fallen. „Warum konnte ich so etwas nie bei meiner Mutter erfahren? Und warum ist meine Mutter nicht hier?" gehen ihr die Gedanken durch den Kopf. Und sie fragt die Ärztin: „Wo ist meine Mutter?" „Sie hat dich gefunden und den Notarzt verständigt. Lass uns morgen darüber reden. Jetzt ruh dich erst einmal aus! Möchtest du etwas essen?" Lena verneint innerlich. Aber die Ärztin geht so liebevoll mit ihr um, dass sie antwortet, eine Kleinigkeit haben zu wollen. Sie spürt, wie gut es hier mit ihr gemeint wird. Und ganz winzig klein keimt der Gedanke in ihr auf, dass es vielleicht doch Hoffnung gibt. – Hoffnung auf ein Leben vor dem Tod.

Und irgendwie ist sie froh, dass sie noch nicht im Jenseits ist. „Was habe ich da nur gemacht?! Micha, ja, den habe ich geliebt." – „Moment einmal: Wieso HABE ihn geliebt? Warum nicht: ICH LIEBE IHN?" Lena schüttelt sich, weil sie sich wie eine Verräterin vorkommt. „Woran denkst du, Lena?" „An Micha und dass er mich fast in den Tod getrieben hätte." „Heißt das, dass du froh bist, am Leben zu sein?" Anstelle einer Antwort kann Lena nur ein Schluchzen hervorbringen und wieder fließen die Tränen. Aber das erleichtert. Als der Strom versiegt, hört sie die Ärztin sagen: „Kein Mensch ist es wert, dass man sein Leben wegwirft, weil er einen verlassen hat. Im Gegenteil: Wenn dir das jemand antut, ist es der beste Grund, zu leben!" Sie lächelt Lena noch einmal zu und verlässt ihr Zimmer.

Lena schwirren tausend Gedanken auf einmal durch ihren Kopf. Und sie wird wütend, wütend auf Micha und wütend auf sich selbst. „Warum habe ich denn das nicht schon viel eher so gesehen? ..."

Nach drei Wochen in der Klinik, die Lena wie Jahre vorkommen, und wirklich harter Arbeit an sich selbst hat sie ihre Lebenslust, wenigstens teilweise, wiedergefunden. „Unglaublich, wie viele Mädchen und junge Frauen fast das Gleiche erleben und durchmachen, wie ich!" – In Gruppentherapien erfährt sie von den Schicksalen anderer Patienten. Und das bestärkt sie darin, Suizidgedanken gar nicht mehr aufkommen zu lassen. „Und Micha? – Der kann mich mal! Wer so mit mir umspringt, hat es nicht verdient, dass ich auch nur einen einzigen Gedanken an ihn verschwende!

Bin ich froh, dass ich nicht mit ihm geschlafen habe. Vielleicht wäre ich dann schwanger..." Und irgendwann denkt sie dann nur noch: „Micha? Wer ist Micha?"

Am allerliebsten hat Lena aber die Einzelpsychotherapien mit „ihrer" Ärztin. Mit ihr kann sie über wirklich alles reden. Und die Ärztin schlägt auch vor, einige ihrer Gespräche im Beisein ihrer Mutter zu führen. Lena und ihre Mutter müssen richtig lernen, miteinander zu sprechen. Aber die beiden nehmen das sehr ernst und die Mutter kommt Lena täglich besuchen. Sie hat begriffen, dass sie ihre Tochter vernachlässigt hat und dass Lena gerade deswegen woanders Halt gesucht hat, Geborgenheit und Liebe. Dies schien sie alles bei Micha gefunden zu haben, der sie dann „wegen einer Anderen" verlassen hat. Und natürlich ist dann eine Welt in Lena zusammengebrochen.

Sicher hat ihre Mutter es schwer als Alleinerziehende, die im Schichtdienst arbeiten muss und keinerlei finanzielle oder auch andere Unterstützung durch den Kindesvater erhält, weil dieser sich ins Ausland abgesetzt hat. Aber sie hätte nicht erst handeln dürfen, als sie Lena, tief bewusstlos, in ihrem Bett fand. Ihre eigenen Sorgen waren so groß, dass sie Lena's Erkrankung als Teenie-Allüren missgedeutet hat, obwohl doch alarmierende Anzeichen, wie völliger sozialer Rückzug, Appetitlosigkeit und Gewichtsverlust, ständige Traurigkeit und völlige Energielosigkeit über Wochen hinweg für ein akutes Krankheitsgeschehen sprachen... Lena's Mutter hat viel gelernt in den letzten Wochen und – sie ist da für ihre Tochter, die sie doch über alles liebt.

(3) ABGERUTSCHT: Jona {20 Jahre}

Ein Junkie vor dem Herrn! Was nur hat ihn dazu getrieben, so zu werden, so abzurutschen, dass es ihn eigentlich selbst ankotzt!? Warum entgleitet ihm sein Leben?

Jona schwebt wieder einmal in überirdischen Sphären. Als einziger Sohn eines Topmanagers, der über ein Firmenimperium regiert, welches so viel Profit abwirft, dass die ganze Familie allein von den Zinsen sorglos bis ans Ende der Tage leben kann, hat er keinerlei finanzielle Probleme. Wann immer er will, nutzt er seine Kreditkarten in unbegrenztem Umfang. Da fällt es nicht schwer, an den besten und reinsten Stoff zu gelangen, den der Markt hergibt. Er wird ihm sogar frei Haus geliefert. Es ist eben alles nur eine Frage des Preises. Aber glücklich ist Jona damit nicht.

Er setzt sich inzwischen täglich mindestens einen Schuss, um der Realität zu entfliehen und wenigstens in seinen Träumen und Fantasien das zu erleben, was ihm im wahren Leben verwehrt bleibt. Und jedesmal klappt es: Er wird leichter und leichter, hebt ab und sieht alles um sich her in den schönsten, brillantesten Farben. Er hört außerirdisch fantastische Musik und es gibt nichts, was diese Harmonie zerstören kann. – Außer: die Zeit! Wenn die Wirkung der harten Drogen nachlässt, gibt es jedesmal ein böses Erwachen und eine schmerzhafte Ernüchterung. „Verdammte Realität! Warum kann ich nicht einfach dort bleiben, wo ich eben war!?" Es ist grausam für Jona, die Wirklichkeit wieder wahrnehmen zu müssen und sich in ihr zurechtzufinden.

Mit sechzehn macht er auf einer Party die erste Bekanntschaft mit diesem Teufelszeug. „Ist das geil!" Und weil Geld keine Rolle spielt, gönnt er sich die bunten Reisen von nun an immer wieder und immer öfter.

Wenn Jona zurückkehrt von seinen Trips, kann er sich nicht ins Gesicht schauen. Er ekelt sich vor sich selbst. „Verdammt! Ich will das doch nicht!" Er hat einen klaren Moment. „Was ist denn los mit mir? Warum habe ich an nichts Freude? Warum habe ich keine Lust, irgendetwas zu unternehmen? Warum hocke ich ständig nur im Haus? Warum habe ich an rein gar nichts mehr Interesse? Warum steht mein SUV schon über ein Jahr unbewegt in der Garage? Warum sind mir alle Menschen um mich herum völlig egal? Habe ich meinen Grips schon so versaut, dass da nichts mehr geht?"

Sicher, sein Gehirn hat bereits enormen Schaden genommen. Aber zu spät ist es noch lange nicht! Ob die Depression, die ihn nun schon jahrelang in seinen Fängen hält, sich zuerst manifestiert hat oder ob es seine Sucht ist, kann wohl nicht mehr wirklich nachvollzogen werden. Auf jeden Fall lassen ihn seine depressiven Gedankengänge immer wieder zu den Drogen greifen. Und auf jeden Fall wird er durch das Bewusstsein der Abhängigkeit immer depressiver. – Ein Teufelskreis, der kein Ende nimmt! Kontakte zur Außenwelt gibt es nur noch über die „Lieferanten".

Die Mutter lebt schon ewig in Australien. Sie lässt es sich dort mit ihrem neuen Macker gutgehen. Ihr Ex zahlt ja.

Und Jonas Vater? Der ist ständig irgendwo unterwegs: USA, Hongkong, Japan... Wenn er mal zu Hause vorbeischaut, bekommt er nicht mit, dass sein Sohn Stück für Stück abdriftet, dass er drogenabhängig ist und seine Uhr auf kurz vor Zwölf steht. Es kümmert ihn auch nicht weiter, dass Jona nichts unternimmt, irgendetwas aus seinem Leben zu machen. Geld ist ja genug da! Jona wird nicht arbeiten müssen. Der Junge soll es sich einfach gutgehen lassen!

Und Jona? Der schreit förmlich nach Zuwendung! Als die Mutter vor acht Jahren ausgezogen ist, steckte er mitten in der Pubertät. Sein Vater hatte es leicht, das alleinige Sorgerecht zu erlangen – gute Anwälte kosten zwar etwas mehr, aber man ist immer auf der sicheren Seite. Die Mutter hatte sich zwar auch nicht gerade fürsorglich um ihren Jungen gekümmert, war aber bis dahin wenigstens eine Konstante in Jonas Leben. Und plötzlich brach auch die noch weg.

Und so lieb Jonas Vater ihn auch hat, Zeit verbringt er mit ihm so gut wie nie. Das fehlte Jona schon immer! Wenn in der Schule die anderen Jungs von einem Zelt-Wochenendausflug zum Angeln schwärmten, das sie mit ihren Vätern verbrachten, hätte Jona nur mit einem Wochenende auf Madeira gegenhalten können, wo er seine absolute Freiheit hatte, weil sein Vater allenfalls mal ein paar Minuten für ein oberflächliches Gespräch aufbrachte. Die restliche Zeit verlangten Handy und Laptop seine ungeteilte Aufmerksamkeit. Und abends hatte er in seinem Hotelzimmer regelmäßig Damenbesuch, wie Jona mitbekam.

Wen wundert es da, wenn er sich mehr und mehr zurückzieht und sein Glück auf Drogentrips sucht?

Jona will doch auch einfach nur glücklich sein! „Wie kriege ich das hin? Am besten, ich setze mir mal einen richtigen Schuss, damit ich nicht gleich nach eine halben Stunde wieder da bin. Oder wäre das überhaupt die Lösung? Der *goldene* Schuss?! Mann, einfacher kann ich's doch gar nicht haben!" – Und je länger Jona darüber nachdenkt, desto ruhiger wird er und desto mehr manifestiert sich diese Idee. „Mein Vater wird wahrscheinlich erst zu Weihnachten mitbekommen, dass es mich nicht mehr gibt. Freunde habe ich keine, die mich vermissen würden und ich selbst werde auch nichts vermissen. Was sollte das auch sein? Dass ich nicht geliebt werde? Dass ich keine Freude habe? Dass ich nichts wert bin? Dass ich drogensüchtig bin? Dass ich nicht weiß, was die Zukunft bringt? Dass ich nur noch schwarzsehe, egal, wohin ich schaue? Nein, ich werde nichts und niemanden vermissen!"

Der klare Moment hat sich heute lange hingezogen. Jona dreht seine Lieblingsmucke voll auf und lässt sich auf den Diwan im roten Salon fallen. „Bequemer kann man nicht Abschied nehmen." Die Sonne strahlt durch die große Fensterfront. Sie sieht Jona wegtreten. Er sieht sie nichts mehr. Um ihn herum verschwimmt alles in gleißendem Licht. Seine Fantasie spielt ihm die schönsten Streiche und er fliegt durch eine Welt voller Wunder. Seine Eltern umarmen ihn und er fühlt die wärmende Sonne. Er atmet immer ruhiger und ist glücklich. Bis ihn da dieses nervende Sirenengeräusch aus seinen Träumen weckt.

„Neeeiiiiin!" Er begreift augenblicklich, dass irgendetwas schief gegangen sein muss. Oder ist er doch noch in seiner Traumwelt? Nur, dass seine Wunschträume nun zu Albträumen werden? Denn es kann ja wohl kaum sein, dass sein Vater mit im Rettungswagen sitzt, seine Hand hält und ihn gütig und liebevoll anlächelt. Jona schließt die Augen und öffnet sie wieder – immer und immer wieder. Aber sein Vater sitzt immer noch da...

Ausgerechnet heute (Was für ein Glück für Jona!) kam sein Vater ungeplant und völlig überraschend auf eine Stippvisite nach Hause. Er erfasste sofort die Situation und konnte Jona im letzten Moment sein Leben retten. Und jetzt fragt er ihn mit warmer Stimme: „He, Großer! Kannst du mich richtig verstehen?" Tränen in den Augen seines Sohnes sind ihm Antwort genug. „Pass auf! Ich nehme mir jetzt so lange Zeit für dich, bis du wieder gesund bist. Und dann reden wir darüber, wie es weitergeht. Ich habe wohl eine Menge falsch gemacht, sorry!" Jona glaubt, seinen Ohren nicht zu trauen, aber die Hand seines Vaters drückt die seine bekräftigend. „Das ist kein Traum? Du bist wirklich hier?" Jetzt kommen dem Vater die Tränen und Jona weiß, dass es real ist. Und sein Vater hält sein Versprechen. Er besucht ihn täglich in der Suchtklinik und auch bei der anschließenden Reha. Als Jona clean ist, stellt sich sein Vater all seinen Fragen. Endlich! Jona fühlt, dass er geliebt wird! Hätte er doch schon längst mal mit seinem Vater gesprochen! Und beinahe hätte er achtlos sein Leben fortgeworfen! Alles renkt sich ein. Jona findet seinen Lebensmut wieder und zu seinem Vater hat er nun ein ganz besonders intensives Verhältnis.

(4) MISSBRAUCHT: Lara {25 Jahre}

Samstagabend, nein, schon Sonntagmorgen. Lara, afrikanischer Abstammung, aber in Deutschland geboren, hat mit ihrer besten Freundin deren Geburtstag gefeiert, nur zu zweit, zu Hause bei ihrer Freundin. Draußen umfängt Lara eine laue Sommernacht. Sie atmet tief die milde Luft ein. Großstadtlichter lassen die Nacht streckenweise zum Tag werden. Nur noch an dem kleinen Park vorbei und ab in die Metro, dann drei Stationen und drei Minuten Fußweg. Aber ihr Weg endet unverhofft gleich am Parkeingang. „Halt still, du Schlampe, und komm mit!" Sie spürt eine kalte Klinge an ihrem Hals. Ein zweiter Mann zerrt sie in den Park. – Keine Lichter mehr. Dunkel umfängt sie, Dunkel vor ihren Augen und Dunkel in ihrem Innern. Sie ist wie gelähmt vor Angst, würde, auch wenn sie wollte, keinen Ton hervorbringen. Es ist warm, aber sie friert – ihre Seele friert. Es ist ruhig um sie herum, aber sie hört einen lauten Schrei in sich – ihre Seele schreit. Sie spürt ihren Pulsschlag bis in den Kopf hinein. „Bum – bum – bum!" schlägt er gegen ihre Schädeldecke. Ihre Kleider liegen bereits zerrissen am Boden und sie wird daraufgedrückt. Sie atmet den so ekelerregenden Geruch von Schweiß und Alkohol. Und sie spürt, wie einer der beiden in sie eindringt und sich unter Stöhnen an ihr zu schaffen macht. „Bum – bum – bum!" Ihr Puls hat den gleichen Rhythmus. Als der Erste fertig ist, macht sich der Zweite ans Werk. Ihr strömt ein noch viel widerlicherer Gestank entgegen und Lara ist nah daran, sich zu übergeben. Der Mann dreht sie grob um und nimmt sie von hinten.

„Bum – bum – bum!" Sie weiß nicht, ob sie die aggressiven Stöße oder ihren Puls spürt. „Bum – bum – bum!" Noch lange fühlt sie die Erschütterung in ihrem ganzen Körper.

Als es zu dämmern beginnt, merkt sie, dass sie allein ist. „Bum – bum – bum!" Es lässt sie nicht los. Es muss ihr Puls sein, der sich nicht beruhigt. Sie schafft es, sich notdürftig zu bekleiden und loszugehen. Aber sie läuft die ganze Strecke nach Hause. Auf keinen Fall will sie so irgendjemandem unter die Augen kommen. Aber es klappt nicht. Als sie in ihre Straße einbiegt, fühlt sie die abwertenden Blicke des Zeitungszustellers auf sich gezogen. Sie schafft es aber, unbemerkt von ihren Nachbarn, in ihre Wohnung zu kommen. Ihr Mann kommt erst am Dienstag oder Mittwoch von seiner Truckertour aus England zurück.

Lara zieht sich aus und stopft ihre gesamte Kleidung in einen großen Müllsack. Dann geht sie unter die Dusche, wäscht sich und spült sich aus, so gründlich es ihr gelingt. Keinesfalls darf irgendjemand davon erfahren – schon gar nicht ihr Mann. „Bum – bum – bum!" Da ist es wieder!

Sie zieht sich frische Kleidung an, bringt den Müllsack in die große Abfalltonne und sorgt dafür, dass er nicht obenauf zu liegen kommt. Niemand, aber auch niemand darf auch nur erahnen, was heute Nacht passiert ist!

Leise schleicht Lara sich wieder in ihre Wohnung. Sie betrachtet sich im Spiegel. Es sind keinerlei äußere Verletzungen zu sehen, jedenfalls nicht im Gesicht. Aber innerlich ist sie geschunden und zerbrochen.

„Wie soll ich mit dieser Schande leben? Ich hätte mich doch wehren können! Wenn ich wenigstens versucht hätte, fortzulaufen oder wenn ich um Hilfe gerufen hätte!" „Bum – bum – bum!" Sie spürt es wieder...

Lara nimmt fünf starke Schlaftabletten auf einmal, um einfach nicht nachdenken zu müssen. Sie wirken gut, so dass sie bis zum nächsten Morgen durchschläft. „Bum – bum – bum!" Mit diesem Gedanken wird sie wach. Sie muss nichts essen oder trinken. Sie muss nur zum Arzt, um sich ihre Arbeitsunfähigkeit bestätigen zu lassen. Ohne Termin wartet sie zwei Stunden im Sprechzimmer, bis sie an der Reihe ist. Was sie denn für Probleme hätte – fragt die Hausärztin. Und Lara faselt etwas von Kopf- und Bauchschmerzen und dass sie ihren Puls im Kopf schlagen hört. Die Ärztin sieht, dass ihre Patientin völlig am Boden ist und zieht sie erst einmal zwei Wochen aus dem Verkehr. Lara schickt den Schein noch an ihren Arbeitgeber und zieht sich in ihr Schneckenhaus zurück. Sie war heute schon fünf Mal unter der Dusche, aber sie fühlt sich immer noch schmutzig, ekelt sich vor sich selbst. Zwischendurch sitzt sie, mit angezogenen Beinen, den Kopf zwischen ihre Hände gepresst, auf der Wohnzimmercouch. Sie lässt ihren Tränen so lange freien Lauf, bis kein Nachschub mehr da ist. Ihre Augen sind rot und geschwollen, die Tempos sind aufgebraucht. Egal – Toilettenpapier geht auch. Außer tiefster Traurigkeit und massiven Schuldgefühlen spürt Lara nichts in sich. Eigentlich ist sie tot. „Warum nur hat er sie nicht gleich umgebracht? Es wäre besser gewesen für sie! Was, wenn sie jetzt vielleicht noch schwanger ist!? Kann nicht einfach alles vorbei sein?"

Laras Gedanken drehen sich im Kreis: „Bum – bum – bum!" – „Kann ich nicht sterben?" Sie duscht wieder fünf Mal. Gegessen hat sie immer noch nichts. Ihr Magen wehrt sich gegen jeglichen Versuch, ihm etwas Gutes zu tun. „Oh nein, wenn Tom jetzt kommt!" Aber ihr Mann wird erst am Mittwochabend kommen. Bis dahin funktioniert Lara einfach, so gut sie kann. Das bedeutet, dass sie es schafft, sich zum Einkauf aufzuraffen, um den Kühlschrank zu füllen. Danach sinkt sie erschöpft auf's Bett.

Tom kommt voller Freude in die Wohnung: „Lara, Darling, lass dich umarmen!" Er drückt sie fest an sich und gibt ihr einen heißen Kuss. Sie lässt es geschehen. Ja, sie liebt ihn, aber sie hört es wieder: „Bum – bum – bum!" Lara denkt, dass Tom doch mitbekommen muss, wie schmutzig sie ist: „Du musst doch sehen, dass ich mich anderen hingegeben habe." Gleich wird er sie fallenlassen und dann auf Nimmerwiedersehen verschwinden. – Aber nichts dergleichen geschieht. Tom erzählt von seiner Tour und den steifen Engländern. Sie hört es zwar, rein akustisch, aber mit den Gedanken ist sie völlig woanders. „Lara, Schatz! Was ist los? Du bist so ruhig!" Sie zuckt zusammen. „Ich fühle mich nicht wohl, bin auch zwei Wochen krankgeschrieben." Sie legt sich ins Bett und versucht, zu schlafen. Tom liebt sie sehr und fragt nicht weiter, weil er merkt, dass sie einfach nur ihre Ruhe braucht. Aber dass sie sich wegdreht, als er ihr im Bett noch einen Kuss geben möchte, versteht er nicht. Die nächsten Tage verwöhnt er Lara, so gut er kann. Er kocht, er kauft ein, er putzt die Wohnung und macht den Abwasch. Dann hat er seine nächste lange Tour vor sich: Frankreich, sieben Tage.

Laras Kopf kann die quälenden Gedanken nicht verbannen. Sie durchfluten ihr Gehirn ununterbrochen. Und so geht es Woche um Woche und Monat um Monat. Tom ist ratlos, aber kümmert sich rührend um seine Frau, wenn er zu Hause ist.

Lara hat inzwischen sechs Kilogramm abgenommen. Was eine durchschlafene Nacht ist, hat sie inzwischen vergessen. Bei aller Teilnahmslosigkeit gegenüber ihrer gesamten Umgebung, verspürt sie einen immer stärker werdenden inneren Druck. Zu jeder kleinsten Tätigkeit muss sie sich zwingen. Und danach ist sie völlig erschöpft. Nach drei Monaten endlich findet ihre Hausärztin Zugang zu ihr und sie öffnet sich. Sie äußert ernsthafte Suizidgedanken und lässt sich auf eine stationäre Behandlung ein. Hier, im geschützten Raum, ist es einfacher, über alles zu sprechen. Ihre Therapeuten setzen alles daran, Lara aus ihrem Tief herauszuholen. Acht lange Wochen arbeitet sie sich Stück für Stück empor. Sie fasst neuen Lebensmut. Und schließlich willigt sie ein, unter Beisein ihrer Therapeutin ein Gespräch mit Tom zu führen. Dieser nimmt sie so zärtlich in seine starken Arme, wie sie es lange nicht gespürt hat. Und er tröstet sie. Und Lara – sie kann es annehmen. Sie kann sich wieder von ihm berühren lassen. Ja, er liebt sie wirklich und ohne Vorbehalt. Und sie hat begriffen, dass sie nichts, aber auch wirklich gar nichts dafür kann, was passiert ist. Im Übrigen hat sie zwischenzeitlich auch eine Anzeige gegen unbekannt erstattet. Lara braucht noch einige Monate, aber findet zu ihrer alten Lebenslust zurück. Sie liebt ihren Mann mehr denn je. Und sie ist so froh, dass sie noch am Leben ist!

(5) VERLASSEN: Luca {30 Jahre}

Er sitzt alleine in dem großen Haus, das er für seine Familie gebaut hat. Seine Familie, das waren seine Frau und seine beiden Kinder. „Waren! Waren! Waren!" Er will es einfach nicht wahrhaben, dass sie ausgezogen sind. Viel zu wenig Zeit hätte er für seine Frau gehabt. Ja, er wäre ein guter Vater, aber ein mieser Ehemann. Schließlich wollte sie ja auch mal etwas Zeit mit ihm verbringen.

„Was habe ich nur falsch gemacht? Hätte ich weniger gearbeitet, wäre das Eigenheim nicht möglich gewesen. Und so hatte ich kaum mal einen Abend oder ein Wochenende, das ich wirklich meiner Frau widmen konnte!" Luca kann es drehen und wenden, wie er will, es kommt nichts dabei heraus.

Luca ist absolut pflichtbewusst und so lässt er sich auch nicht krankschreiben. Sein täglicher Weg zur Arbeit ist schwer. Aber er muss einfach funktionieren. Inzwischen hat er einen stattlichen Vollbart. Nicht, weil es der letzte modische Schrei wäre. – Nein, er hat einfach nicht genug Kraft, sich zu rasieren. Eigentlich müsste er auch etwas essen zum Abend. Denn zur Arbeit nimmt er nichts mit, weil er es einfach nicht schafft, sich etwas zurechtzumachen. Aber der Kühlschrank ist leer. „Ok, dann muss ich morgen etwas einkaufen." Er nimmt sich einen Zettel und schreibt darauf: „Brot, Butter, Käse" Eigentlich könnte er den Zettel aufheben, dann müsste er ihn nicht jede Woche neu schreiben. Denn es steht immer wieder dasselbe drauf.

Und wieder steht Luca eine Nacht bevor: Eine Nacht, die Albträume mit sich bringt, eine Nacht, in der sich gegen Morgen sein Brustkorb zusammenkrampft, eine Nacht, in der er das Fenster weit aufreißt und lieber eine Erkältung in Kauf nimmt, als das Gefühl, zu ersticken. Wenn er dann morgens erwacht, wird er wieder zur Tür schauen und die Kinder hereinkommen sehen. Sie werden mit ihm sprechen und er wird antworten. Er wird wissen, dass das nicht real ist, dass ihm seine Sinne nur etwas vorgaukeln, aber er wird es genießen, solange er die Kinder sieht und sie mit ihm sprechen.

Luca versieht seine Arbeit weiterhin in bester Qualität. Aber das ist so anstrengend! Was er früher, also noch vor einigen Monaten, mit Leichtigkeit erledigt hat, verlangt ihm jetzt ein Ausmaß an Kräften ab. Er kann sich nicht wirklich konzentrieren, er vergisst viele Dinge und nur seine Routine macht seine Fehler wieder wett.

Er kennt nur noch den Weg zur Arbeit und nach Hause. Etwas anderes gibt es nicht. Auf Arbeit die perfekte Fassade aufgesetzt und dann jeden Abend zu Hause, im eintönigen Grau seiner quälenden Gedanken, die totale Erschöpfung und der totale Zusammenbruch.

„Ich habe Schuld! Ich bin ein elender Versager! Ich bin zu nichts mehr nütze!" Und ein unheimlicher Gedanke schleicht sich immer wieder in seinen Kopf: „Wie wäre es mit Schluss, Ende, aus und vorbei?" Die ersten Male erschrickt er noch vor diesem Gedanken, aber bald gewöhnt er sich daran und überlegt, wie er es wohl am besten anstellen könnte.

Einzig und allein der Gedanke an seine Kinder hält ihn schließlich davon ab, die in seinem Kopf rumspukenden Suizidpläne in die Tat umzusetzen. Sie würden es nicht verstehen und hätten womöglich ihr Leben lang daran zu knabbern. Denn sie lieben ihn, das weiß er. Als die beiden erfahren haben, dass Mama sich von ihm trennen wird, sind beide, unabhängig voneinander, zu ihm gekommen und haben ihm versprochen, bei ihm zu bleiben, damit wenigstens einer da bleibt und er nicht alleine ist. Es hat Luca die Tränen in die Augen getrieben. Aber er hat es nicht zugelassen, die beiden auseinanderzureißen. Und er weiß, auch, wenn er alles für seine Kinder tun würde, durch seine Arbeit hätte er längst nicht die Möglichkeit, sich so um sie so zu kümmern, wie es seine (Ex-)Frau kann, die ja nicht arbeiten muss.

Luca darf nicht an seine Kinder denken. Er kann sie nicht wirklich aufwachsen sehen. Seine Ex hat inzwischen wieder geheiratet. Nun haben die Kinder also zwei Väter. Und weiter weg könnten sie kaum wohnen: über fünfhundert Kilometer. Luca sieht seine Kinder nur sehr selten. Und wenn es mal wieder soweit ist, genießt er jede Minute in vollen Zügen. Aber tief in ihm steckt eine Traurigkeit, die ihresgleichen sucht. Und sind die Kinder wieder fort, kann er seinen Gefühlen in seinen vier Wänden freien Lauf lassen. – Seine vier Wände? Bald nicht mehr, denn erstens braucht er sie ja nun nicht mehr und zweitens muss er so viel Unterhalt zahlen, dass er die Baufinanzierung nicht mehr bedienen kann. Es kommt zur Zwangsversteigerung. Aber in Luca löst das keine Emotionen mehr aus. Sie sind in ihm gestorben.

Gefühle wie Freude oder Ärger kennt er nicht mehr. Er stumpft immer weiter ab und außer Traurigkeit ist da weit und breit nichts anderes. Nur eine große Leere! Die zu füllen, versucht Luca erst gar nicht. Warum nicht? Weil seine Kraft dazu nicht reicht. Dinge, die ihn früher emotional berührten, haben nun keinerlei Bedeutung mehr. Er vergisst die Geburtstage von Freunden und Verwandten und zu den Festtagen schreibt er weder Grüße, noch ruft er an. Nur an die Geburtstage seiner Kinder denkt er.

Eigentlich hätte Luca schon längst in eine professionelle Therapie gemusst. Aber er weiß sich gegenüber seiner Umwelt so zu verstellen, dass niemand, aber auch niemand, ahnt, wie es um ihn steht. Es grenzt an ein Wunder, dass er es über all die Jahre hinweg geschafft hat, seinen verantwortungsvollen Posten trotz der ungeheuren seelischen Belastung so auszuüben, dass es keine gravierenden Defizite gab.

Er wohnt nun in einer kleinen Dachgeschosswohnung, mit kleinen Fenstern, ohne Balkon. Es stört ihn nicht, dass er den Luxus eines Eigenheims aufgeben musste. Er hatte es nicht für sich, sondern für seine Frau und seine Kinder gebaut. In dieser kleinen Wohnung ist er nun auch viel anonymer, als allein in dem großen Haus. Das kommt ihm sehr entgegen. Es ist gut, dass es hier mit den vielen Mietern, die zudem immer mal wieder wechseln, maximal ein Moin moin oder Hallo gibt. Luca braucht einfach immer noch viel Ruhe. Das Maximale, was er verträgt – er lässt ab und zu das Radio oder den CD-Player laufen, um etwas Musik zu hören.

Das ist für ihn der allererste kleine Schritt heraus aus der Depression, die ihn so lange schon fest in ihrem Würgegriff hält. Luca tut sich etwas Gutes damit. Und, als die Kinder ein Studium und eine Lehre beginnen, besiegt er nach und nach ein ungebetenes Symptom nach dem anderen. Er greift tatsächlich mal wieder zu einem Buch. Und er kann sich tatsächlich den Inhalt merken. Er schaut Nachrichten und zeigt wieder Interesse an diesem und jenem.

Von sich aus nimmt er wieder Kontakt zu einem Freund auf, der ihn all die Jahre immer mal wieder angeschrieben hat. So etwas war für Luca bis dato weit außerhalb jeglicher Vorstellungskraft.

Endlich kann Luca auch wieder die eine oder andere Nacht durchschlafen. Er fühlt sich nicht mehr so zerschlagen und ständig müde, wie all die Jahre. Das Essen beginnt, ihm wieder zu schmecken. Neben Brot, Butter und Käse gibt es nun auch mal Quark, Fisch, Wurst, Honigbrötchen und Schokolade. Luca schmeckt es wieder! Er hätte nie gedacht, dass er das noch einmal erleben darf.

Luca darf miterleben, wie seine Kinder heiraten und er schließlich zum mehrfachen Großvater wird. Es hat sich gelohnt, durchzuhalten! Luca ist froh, dass er sich „damals" nicht das Leben genommen hat. Es war ein langer, harter Weg, den er gegangen ist. Mit professioneller Hilfe und entsprechender Therapie hätte er sein Tief wahrscheinlich schneller überwunden. Aber am wichtigsten bleibt unter dem Strich, dass er seine Depression besiegt und Lebensqualität wiedergefunden hat.

(6) AUSGEPOWERT: Leonie {35 Jahre}

Sie hat drei Berufe: Mutter, Hausfrau und Rechtsanwalts-fachangestellte. Und alle drei Berufe übt sie mit Hingabe aus. Na ja, Hausfrau ist nicht so ganz ihr Ding, aber ihre Kinder liebt sie über alles und ihre Arbeit macht ihr echt Spaß.

Leos Mann ist fast ausschließlich im Ausland tätig. Haupt-sächlich in der asiatischen Region, aber auch in den ehe-maligen Sowjetrepubliken und in verschiedenen afrikani-schen Staaten. Über seine Arbeit darf er nicht viel erzäh-len – top secret! Bisher konnte Leo immer ganz gut damit umgehen, aber seine Auslandsaufenthalte ziehen sich immer länger hin und sie fühlt sich alleingelassen und völlig überfordert. Er fehlt ihr und auch die ganze Arbeit an Haus, Hof und Garten bleibt ausschließlich an ihr hän-gen. Ihre Tochter wird gerade zum Pubertier und der acht-jährige Sohn verlangt auch ungeteilte Aufmerksamkeit.

Auf Arbeit sieht alles ganz anders aus. Die meisten Men-schen powern sich hier aus und erholen sich zu Hause. Bei Leo ist es genau anders herum. Sie ruht sich hier gewis-sermaßen aus von all dem Trubel, den sie im privaten Bereich zu bewältigen hat. Sie schafft ihr Pensum mühelos und in hervorragender Qualität. Und es gibt da noch einen jungen, sehr aufmerksamen Rechtsanwalt, der immer ein offenes Ohr für sie hat. Leo kann ihm von ihren Proble-men erzählen und er hört wirklich zu. Sie kann ihm Dinge anvertrauen, die sonst nur in der Familie bleiben. Und so wird er praktisch ihr Arbeitsehemann.

Als er ihr seine Hilfe anbietet für die anstehende Garten-
arbeit, ist es passiert. Sie essen noch gemeinsam zu Abend
und Leo bringt die Kinder zu Bett. Nach einer Flasche
Wein landet auch sie im Bett, aber natürlich nicht allein.
Irgendwie schämt sie sich, irgendwie aber auch nicht. Es
ist ein schönes Gefühl, wieder umworben zu werden, wie
einst von ihrem Mann. So wie Falk war Lukas schon lange
nicht mehr zu ihr. Leo weiß, dass sie nun ein mächtiges
Problem hat. Ihr Mann liebt sie, so viel steht fest. Und sie
weiß, dass er mit ihr durch dick und dünn gehen würde.

Und Falk? Den kann sie noch nicht richtig einschätzen,
aber er scheint wirklich galant zu sein, einfühlsam, auf-
merksam, zudem ein guter Liebhaber. Wenn sie nicht
verheiratet wäre, würde er wohl ein Hauptgewinn sein.
Aber den hatte sie mit Lukas auch schon. Und nun?

Na, wenigstens hat sie eine allerbeste Freundin, mit der
sie wirklich alles bequatschen kann. Auch wenn sie ihr
nicht zu dem einen oder anderen raten wird, zumindest
kann sie hier ihre Sorgen abladen. Wie oft hat ihr das
schon gut getan! Und ohne Umschweife legt Leo los. Sie
schwärmt von ihren beiden tollen Männern und ihren
Vorzügen. Sie erzählt von Falks Umsichtigkeit, dass er mit
ihren Kindern super zurechtkommt und dass sie keine
Ahnung hat, wie sie sich entscheiden soll. Ihre Freundin
weiß darauf nur zu entgegnen: „Du hast ein echtes Luxus-
problem!" Und damit hat sie gar nicht so Unrecht. Denn
welche Frau hat schon das Privileg, sich zwischen zwei
wirklich in jeder Hinsicht attraktiven Männern hin- und
hergerissen zu fühlen?

Aber nicht schlimm genug, dass Leo vor diesem Problem steht, es kommt noch härter: Ihr Mann kommt auf „Heimaturlaub" und eröffnet ihr, dass er sich für einen fünfjährigen Job in Korea verpflichtet hat. Und natürlich möchte er seine Familie dort haben, weil er so gut wie unabkömmlich sein wird. Er hat sich auch schon nach einem Haus und nach einer Schule umgeschaut. – Das ist der Hammer für Leo. Ihre Tochter macht förmlich Freudensprünge, weil sie sich ausmalt, dass sie alle zu ihrem Papa ziehen und sie die weite Welt kennenlernt. Ihr Sohn ist eher verhalten. Und Leo schießen die Gedanken durch den Kopf wie Silvesterraketen: „Das Haus? Was passiert damit, wenn wir weg sind? Die Kinder? Könnten sie in der fremden, neuen Umgebung überhaupt zurechtkommen? Falk? Ich könnte ihn jahrelang nicht sehen! Meine Arbeit? Soll ich sie einfach so aufgeben?"

Leo ist völlig überfordert. Sie bricht unter der Last ihrer quälenden Gedanken zusammen. Und – sie hat keinerlei Unterstützung. Denn ihr Mann war nur ein paar Tage zu Hause. Jetzt hat er seinen Job in Korea begonnen und sie ist wieder mit allem alleine. „Kinder – Arbeit – Haus – Hof – Garten!" „Kinder – Arbeit – Haus – Hof – Garten!" „Kinder – Arbeit – Haus – Hof – Garten!" Sie kann die Gedanken nicht ordnen. Alles wächst ihr über den Kopf und ihr kommen sogar Gedanken an einen Abschied von dieser Erde. Sie ist hoffnungslos verzweifelt und weiß nicht ein noch aus. Wie soll sie das alles packen? Wie diese Belastung überstehen? Wie in diesem Zustand klare Entscheidungen treffen? Wie alles am Laufen halten, ohne selbst unter die Räder zu kommen?

Sie meldet sich krank und zu Hause schafft sie nur das, was unbedingt notwendig ist: Die Versorgung der Kinder. Sie bekommen ihre regelmäßigen Mahlzeiten und werden zum Klavierunterricht und Fußball gefahren. Aber darüber hinaus hat Leo keinerlei Kapazitäten. Der Garten verwildert gehörig und die Wohnung bekommt nur einmal pro Woche eine Behandlung. Leo ist mit sich selbst nicht im Reinen und teilweise gereizt bis zum Get-no. Sie schreit ihre Kinder an und hinterher tut es ihr echt leid. Ihr Sohn braucht Hilfe bei den Hausaufgaben und kapiert einfach nicht beim ersten Mal, was sie erklärt. – Ihr reißt der Geduldsfaden. Ihre Nerven liegen blank!

Sobald ihre Kinder aus dem Haus sind, legt sie sich hin und verharrt in völliger Lethargie. Das hält nun schon wochenlang an. Immerhin schafft sie es noch, sich zu einem Facharzt überweisen zu lassen, da ihre Hausärztin eine Depression zu erkennen meint. Es bestätigt sich und Leo beginnt eine psychotherapeutische Behandlung. Nach mehreren Monaten schlägt die Therapie endlich an. Aber ihr Grundproblem hat Leo immer noch. Welcher Mann ist der richtige für sie? Als sie im Akutstadium war, hatte sie einen Antrag auf Rehabilitation gestellt. Nun, nach über einem halben Jahr, ist er endlich genehmigt.

Eigentlich meint sie, die Reha nun gar nicht mehr zu brauchen. Aber letztlich nimmt sie sie doch wahr.

Leo blüht zusehends auf und findet wieder zu ihrer inneren Ruhe. Sie hat sich nun auch entschieden: Sie wird Lukas die Treue halten. Aber jeden Tag Falk über den Weg laufen? Wie soll sie das aushalten?

Natürlich könnte sie alle Probleme mit einem Schlag loswerden: „Ab nach Korea!" hieße die alternativlose Zauberformel. Sie wäre bei ihrem Mann und Falk wäre außer Sichtweite. Leo ist sich nicht hundertprozentig sicher, was sie wirklich hier hält. Ist es ihre Arbeit, die sie so sehr liebt und nicht aufgeben möchte? Oder ist es doch Falk, dem sie auf der Arbeit jeden Tag begegnen würde und den sie (als Freund) keinesfalls missen möchte? Sie versucht, sich darüber klar zu werden und wägt das Für und Wider gegeneinander ab. Sie stellt sich die Fragen: „Was passiert bestenfalls, wenn ich nach Korea gehe und was schlimmstenfalls? Was passiert bestenfalls, wenn ich in Deutschland bleibe und was schlimmstenfalls? Und so hat sie eine, irgendwie objektive, gute Entscheidungshilfe, die sie letztlich dazu führt, einen klaren Cut zu vollziehen. Sie lässt ihr Haus zurück, sie lässt ihre Arbeit zurück, sie lässt Falk zurück. Sie geht mit ihren Kindern nach Korea und sie gewinnt dort, von neuem, ihren Mann. In der neuen Umgebung vergehen auch die letzten Symptome ihrer Depression. Sie findet viele tolle, neue Freunde und ihre Kinder kommen super zurecht.

Wenn Leo heute zurückblickt, kann sie ihre monatelange Niedergeschlagenheit, die bis hin zu Suizidgedanken geführt haben, nicht mehr nachvollziehen. Wie konnte sie da nur reinrutschen? Und wie hat sie es eigentlich wieder herausgeschafft? Irgendwie ist alles ein großes Rätsel für sie. Aber sie weiß, dass es bitterste Realität war und, dass es vielen anderen noch viel schlechter geht. Sie ist dankbar, dass sie sich von der Depression lösen konnte. Wie glücklich ist sie doch jetzt!

(7) GESTORBEN: Fabian {40 Jahre}

„Baaastiiiiiiii! Waaaruuum?!!!!!" Laut hallt der Ruf in Fabians Kopf. Er weiß nicht, wem er diese Frage entgegenschleudert. Ob sich selbst? Ob einer unbekannten Macht? Er hört sie einfach immer wieder und immer lauter seinen Kopf füllen! Sonst ist da nichts, nur diese eine Frage...

Fabian muss zusehen, wie sein Sohn geborgen wird. Vor einer Stunde noch hat er Späße gemacht mit ihm. Sein fröhliches Lachen hat er noch überdeutlich im Ohr. Bastian ist erst zehn! Und nun ziehen die Rettungskräfte ihn den Hang am Autobahnrand hoch, legen ihn vorsichtig auf die Trage des Bestattungsunternehmens und schieben ihn in die schwarze Limousine, durch deren Scheiben man nicht ins Innere blicken kann. Bastian bewegt sich nicht mehr. Das passt nicht zu ihm. „Er kann doch nicht einfach so regungslos daliegen und alles mit sich geschehen lassen!" Fabian schaut in sein ausdrucksloses, fahl-weißes Gesicht, ehe die Heckklappe leise zugedrückt wird. „Es kann doch nicht sein, dass das Leben seines Jungen im Bruchteil einer Sekunde ausgelöscht wurde!" Was würde Fabian dafür geben, an seiner Stelle sein zu können! „Baaaastiiiiiiiiiii! Waaaaaaaruuuuuuum?!!!!!" Der Notarzt fasst Fabian am Arm und lenkt ihn in den Rettungswagen. Er und sein Team haben alles versucht. Aber sie hatten nicht die geringste Chance, Puls und Atmung wieder in Gang zu setzen, nicht die geringste Chance, noch irgendetwas für den Jungen zu tun. Auch für die Rettungskräfte ist die Situation emotional sehr belastend. Aber sie müssen damit professionell umgehen können.

Fabians Blick ist starr. „Warum bin ich nicht langsamer gefahren?! Bestimmt wäre es dann nicht passiert! Oder Basti hätte vorne sitzen müssen! Die Airbags auf der Beifahrerseite sind alle aufgegangen! Aber die haben ihm hinten nichts genützt!" Fabian hat rein körperlich lediglich einige Abschürfungen davongetragen. Aber seine Seele, die ist zerbrochen – zerbrochen, wie das Genick seines Sohnes.

In Sekundenbruchteilen stellt sich sein Leben auf den Kopf: Er ist nicht viel schneller als hundert km/h. Ein in der rechten Spur wesentlich langsamer fahrender LKW veranlasst ihn zum Überholen. Von hinten ist noch alles frei...

Dann rechts die Autobahnzufahrt, von wo aus ein weiterer LKW sich einfädeln will. Der LKW neben Fabian macht diesem höflich Platz, indem er in die Mittelspur wechselt, wo er Fabian nicht bemerkt. Dieser kann nur noch auf die linke Spur ausweichen, wo aber von hinten ein Sportcoupé mit mindestens zweihundert km/h angeschossen kommt. Unausweichlich prallt er mit aller Wucht und ungebremster Energie hinten auf Fabian, der dadurch ins Schleudern gerät, erst mit der Mittelplanke kollidiert, sich dann mehrfach um die eigene Achse dreht, über alle drei Fahrspuren nach außen getragen wird und schließlich, nach mehreren Überschlägen außerhalb der Autobahn zu liegen kommt. Fabian drückt die Airbags zur Seite, die ihm vermutlich sein Leben gerettet haben. „Basti? Alles ok?" Totenstille. Fabian hört nur sein eigenes Herz schlagen, das ihm förmlich aus dem Leib springen möchte. „Basti! Alles ok? Komm! Sag was!" Aber sein Sohn bleibt stumm.

Es dauert eine gefühlte Ewigkeit, obwohl real keine zehn Minuten vergehen, bis Fabian von den Rettungskräften aus dem Auto befreit wird. Basti wird unverzüglich beatmet und mit Herzdruckmassage wird dreißig Minuten lang versucht, ihm wieder Leben einzuhauchen. Aber vergebens. Die ärztlichen Fähigkeiten und Möglichkeiten haben ihre Grenzen, die hier wieder einmal erreicht sind.

Auch Fabian lässt alles mit sich geschehen, wie sein Sohn. Er fühlt sich genauso tot. Dass da noch Leben in ihm ist, kann er nicht spüren. Nur eine große Leere breitet sich gespenstisch schnell aus. Und Dunkelheit, alles um Fabian her erscheint ihm grau und schwarz. Keine Farben, kein Licht. Fabian kann den Tod seines Sohnes nicht begreifen! Er zermartert sich mit Schuldgefühlen und Selbstvorwürfen. Die nächsten vier langen Monate verbringt er in einer Akutklinik für Psychiatrie. Und wenn er einen Gedanken fassen kann, dann den, dass sein Leben nun keinen Sinn mehr hat. Und die logische Schlussfolgerung ist, seinem sinnlosen Leben ein Ende zu setzen. „Schluss! Aus! Vorbei! Finito!" Ja, das hört sich gut an für ihn.

In den ersten Wochen helfen Fabian Medikamente, überhaupt zu überleben. Er nimmt massiv ab, denn wozu sollte er noch essen? Den ganzen Tag nutzt er jede freie Minute zum Grübeln. Er zieht sich in sein Zimmer zurück und die Vorhänge zu. Licht kann er nicht ertragen. „Wie kann die Sonne es wagen, hier hereinzuscheinen, wo es nur Dunkelheit gibt?!" Ja, so fühlt er sich wohler. Jetzt kann er sich auf sein Bett legen und stundenlang seinen Gedanken nachhängen.

Herausgerissen wird er immer wieder durch den Pfleger, der ihn zu verschiedenen Therapien begleitet. Alleine würde Fabian den Weg nicht finden, auch nicht finden wollen. Er empfindet die Therapien als Zwang. „Was soll das hier? Es hat doch eh alles keinen Zweck!" Aber er lässt es über sich ergehen. Die tiefe Traurigkeit, die ihn umfängt, will nicht weichen. Seine Initiative – gleich Null. Seine Schuldgefühle – nach wie vor eintausend Prozent! Seine Frau möchte er nicht sehen. Er würde ihr nicht in die Augen blicken können, weil er doch ihren gemeinsamen Sohn umgebracht hat! Das würde sie ihm nie verzeihen.

Auch dann, als er es von den ermittelnden Behörden, schon nach zwei Wochen, schwarz auf weiß bestätigt bekommt, dass er keine Schuld an dem Unfall trägt, hilft ihm das nicht. „Ich hätte vielleicht nicht überholen sollen. Oder wir hätten die Landstraße fahren sollen." Er findet immer neue Ansätze, sich die Schuld am Tod seines Sohnes zu geben. Und immer noch meidet er jegliches Licht. Er sieht sowieso nur alles in schwarz-weiß oder schwarz-grau. Farben und Licht sind seine ärgsten Feinde. Wenn Arztvisite ist, besteht er darauf, dass die Vorhänge geschlossen bleiben, weil er die Helligkeit nicht erträgt.

Zu all den Qualen, die Fabian zu erleiden hat, gesellen sich nun auch noch massive Blutdruckschwankungen, sporadischer Schwindel und eine permanente Hyperakusis. Er ist überempfindlich gegen jegliche Geräusche. Schon das leichte Trommeln von Regentropfen an den Fensterscheiben macht ihn fast verrückt. Er hält sich die Ohren zu und will einfach nichts mehr hören.

Und irgendwann, nachdem er einige Wochen noch stärkere Medikamente bekommen hat, weicht seine Verzweiflung einer Ruhe, die ihn langsam wieder ins Leben zurückkehren lässt. Hat er sich mit dem Tod seines Sohnes abgefunden? – Nein, das wird sein Leben lang nicht geschehen. Aber Fabian zweifelt zumindest schon einmal daran, ob er tatsächlich den Unfall hätte abwenden können. Und er ist auch bereit, den Besuch seiner Frau zuzulassen.

Die Tür geht auf und mit seinem Therapeuten kommt seine geliebte Julia in das immer noch dunkle Zimmer. Fabian kann ihr nicht in die Augen schauen. Sie setzt sich an sein Bett, beugt sich dicht über ihn und schmiegt ihr Gesicht zärtlich an das seine. Tränen fließen erst über ihr, dann über sein Gesicht. Er fühlt sie. – Und es berührt ihn, wie ihn schon monatelang nichts mehr berührt hat. Julia umarmt ihren Fabian und liegt mit ihrem Oberkörper auf dem seinen. Der Therapeut hat sich bereits ganz leise davongestohlen. Und nun wagt es Fabian aufzuschauen, Julia in die Augen zu blicken. Er sieht dort eine unendliche Trauer, aber auch tiefstes Mitgefühl, eine unaussprechliche Liebe und Erleichterung. Es ist das erste Mal seit dem Unfall, dass Fabian wieder Farben erkennen kann! Trotz des Dämmerlichts sieht er die wundervollen, blauen Augen seiner Frau, die ihm noch irgendetwas sagen wollen. Julia steht auf. Und ihre Silhouette vor dem Fenster lässt einen kleinen Bauch erkennen, der zu ihrer schlanken Figur eigentlich gar nicht passt. Fabian sieht Julia ungläubig fragend an. Die beiden haben noch nicht ein einziges Wort gewechselt. Jetzt rinnen beiden Tränen über die Wangen. Und sie flüstert: „Ja, es wird ein Junge.“

Sie schaut ihren Fabian traurig und glücklich zugleich an. Und er, er hat so viel Liebe in seinem Blick, dass ihre Tränen immer wieder neuen Nachschub bekommen. Fabians Gedanken fahren Achterbahn. Ja, er hat seine Frau über ein Vierteljahr nicht gesehen. Und sie hat seinen Wunsch akzeptiert, keinen Besuch empfangen zu wollen. Es muss so schwer für sie gewesen sein! Sie hat alleine trauern müssen, sie musste die ganze Zeit alleine zurechtkommen, sie muss sehr einsam gewesen sein. Und sie hat zu ihm gehalten! Nein, sie macht ihm keine Vorwürfe! Niemals, das weiß sie, niemals hätte er leichtsinnig in Kauf genommen, dass Basti irgendetwas passiert.

Fabian springt auf und schließt Julia fest in seine Arme. So geborgen hat sie sich lange nicht gefühlt! Und jetzt macht Fabian etwas wirklich Verrücktes: Er entlässt sich auf eigene Verantwortung. Hier in der Klinik wird er nicht gebraucht. Aber seine Frau braucht ihn. Sie muss Übermenschliches durchgemacht haben. Das muss nun ein Ende haben. Er wird sie umsorgen! Und er wird für sie da sein, so wie sie für ihn da war, indem sie durchgehalten hat, die ganze Zeit, die er tot war. Und noch einmal kommt ihm ganz kurz der Gedanke an den Tod, den er sich gewünscht hatte, als er nachhelfen wollte, um schneller die Erlösung zu finden von seinen Schuldgefühlen. Es schaudert ihn: „Wie konnte ich dabei ganz und gar Julia vergessen? Das war verdammt egoistisch von mir! Nie, nie wieder werde ich dich alleine lassen!" Eine Depression, die weit über jede Trauer hinausreicht, hatte ihn fest im Griff. Jetzt trauert er gemeinsam mit seiner Frau und sie freuen sich gemeinsam auf den kleinen Basti...

(8) AUSSICHTSLOS: Sunny {45 Jahre}

Lebensfroh ist sie! Immer strahlt sie Optimismus aus und steckt ihre ganze Umgebung mit ihrer Heiterkeit an. Schon als kleines Mädchen war sie der „Sonnenschein" für ihre Eltern. Und das zieht sich durch ihr ganzes Leben. Als gelernte Krankenschwester heilt sie mit ihrer Ausstrahlung wahrscheinlich mehr Patienten, als jegliche Medikamente.

Und nun – ist sie selbst eine Patientin. Sie könnte jetzt solch eine Krankenschwester gebrauchen, wie sie selbst eine war. – Ja, „war"! Denn von ihrem Charme ist nichts mehr zu erahnen, kein positiver Gedanke schafft es, sich in ihr einzunisten, nicht der geringste Anflug eines Lächelns ist auf ihrem hübschen Gesicht zu sehen, weder Freude noch Heiterkeit können zu Sunny durchdringen, auch nicht den Bruchteil eines Millimeters.

Sie sitzt auf ihrem Stuhl und blickt tief in sich hinein. Und sie sieht, wie sie von innen her zerfressen wird. Denn der Krebs, der auch ihre Mutter und ihre Großmutter viel zu früh dahingerafft hat, ist nun auch für sie zur bitteren Realität geworden. „Brustkrebs!" Hat sie all die Jahre und Jahrzehnte mit ihrer Fröhlichkeit nur die Angst überspielt, auch einmal so zu enden, wie ihre „Mamuschka" und ihre „Babuschka"? „Wie konnte ich mir nur einbilden, dass es mir anders sein könnte!" Aber das Schlimmste ist nicht, dass der Brut-Krebs an ihr nagt. Viel schlimmer ist der „Depri-Krebs", der Sunny nicht mehr die sein lässt, die sie eigentlich ist. Es erinnert rein gar nichts mehr an die vitale, energiegeladene, lebensbejahende Mittvierzigerin!

Morgen kommt sie auf den OP-Tisch. Seit sie vor vierzehn Tagen, nach der letzten Routineuntersuchung, ihre Diagnose kennt, hat sie sich auch ihre Prognose zurechtgelegt. Und die kann nicht anderes aussehen als bei ihren... Sunny kann den Gedanken nicht zu Ende denken. Zu sehr hat sie die beiden geliebt. Und nun wird es ihr genauso gehen. Ihre Tochter wird um sie trauern. Ihr Mann natürlich auch. Aber sie – sie wird dahinsiechen. Erst wird sie ihre Brust verlieren: Sie wird ein Krüppel sein, amputiert, unvollständig. Dann kommt die Chemotherapie: Ihre langen, roten Haare werden eines nach dem anderen ausfallen. Es wird nicht ein einziges übrigbleiben. Und dann die Bestrahlung: Natürlich wird sie schreckliche Verbrennungen davontragen. Sie ist so empfindlich mit ihrer Haut. Im Sommerurlaub muss sie nur einen Sonnenaufgang beobachten und schon hat sie gratis ihren ganz persönlichen Sonnenbrand.

„Vielleicht sollte ich in ein Hospiz gehen!? So muss ich meiner Familie nicht zur Last fallen. Oder – ja, das ist noch viel besser: Ich werde die Abkürzung nehmen, direkt ins Bestattungsunternehmen." Und Sunny malt sich aus, wie sie sich lautlos ins Jenseits schläft. Sie weiß ganz genau, welche Medikamente dafür am besten geeignet sind, so dass keiner eine Chance hat, ihr Vorhaben zu vereiteln, wenn er nicht unmittelbar mitbekommt, wie sie sich... Und nun lächelt sie. Aber es ist nicht das fröhliche Sunny-Lächeln, das immer alle anderen angesteckt hat. Es ist ein in sich gekehrtes Lächeln, welches ihr Erlösung verspricht, Erlösung von den Leiden, die ja „eigentlich" noch gar nicht begonnen haben.

Sunnys Suizidgedanken nehmen erschreckend schnell Gestalt an und nichts und niemand wird sie davon abbringen können. Den richtigen Zeitpunkt wird sie noch festlegen, ganz in Ruhe. Sie hat abgeschlossen mit sich und der Welt...

„Leider", aus ihrer Sicht, schafft Sunny es nicht mehr vor der OP, sich mit den erlösenden Medikamenten zu versorgen. Sie wacht auf und hört nur: „Es ist alles gut gegangen. Wir konnten alles entfernen." Dann sackt sie wieder weg. Das nächste Mal wird sie in ihrem Zimmer wach. Sie fasst sich an ihre Wunde, aber durch den dicken Verband hindurch kann sie nicht ertasten, welche Ausmaße die Amputation hat.

Julia verfällt wieder in Lethargie. Ihre Gedanken kreisen schon wieder darum, wie sie an die Medikamente herankommt. Aber sie fühlt sich viel zu schwach, um aufzustehen.

Am nächsten Tag ist Chefarztvisite und es gibt gute Nachrichten: „Wir mussten nicht sehr viel Gewebe entfernen. Und wir kommen auch um die Bestrahlung und die Chemotherapie herum!" – Eigentlich müsste Sunny nun ein Stein vom Herzen fallen. Aber genau das Gegenteil ist der Fall. Sie glaubt an sich selbst erfüllende Prophezeiungen. Und sie kann sich nur vorstellen, dass sie beruhigt werden soll, jetzt aber alles ganz schnell gehen wird. „Es wurde nur so wenig Gewebe entfernt, weil der Krebs sich schon so weit ausgebreitet hat, dass es gar nicht mehr möglich war, alles zu entfernen. Dann haben sie mich einfach wieder zugemacht." Sunny holt tief Luft.

„Und eine Bestrahlung und Chemotherapie wird als zwecklos angesehen. Deshalb wird dafür kein Geld mehr rausgeschmissen." Nun hat sie einen noch triftigeren Grund, sich das Leben zu nehmen.

Sunny ist übernervös. Sie fängt an, zu zittern, wenn sie über ihre Situation nachdenkt. Und ihr Darm spielt verrückt: Einen Tag hat sie Durchfall, den nächsten Verstopfung. Blähungen quälen sie und eine Reizdarmsymptomatik bestätigt sie darin, dass es rapide bergab geht mit ihr. Denn solche Probleme hatte sie noch nie in ihrem Leben. Sie weiß nicht, dass es „nur" psychosomatische Begleiterscheinungen ihrer Depression sind, in der sie sich, nun schon seit Wochen, immer fester verwurzelt.

Nach weiteren zwei Wochen stationären Aufenthaltes steht der Chefarzt kopfschüttelnd an Sunnys Bett. Es ist ihm ein Rätsel, dass der Genesungsprozess nicht voranschreitet. Im Gegenteil – die Blutwerte sehen von Mal zu Mal katastrophaler aus und der Allgemeinzustand seiner Patientin bereitet ihm große Sorgen und Kopfzerbrechen. Die Tumormarker zeigen keine pathologischen Auffälligkeiten, aber ansonsten scheint so einiges durcheinander in Sunnys Körper. – Ein Durcheinander, welches sie selbst, durch die „Pflege" ihrer Depression, anrichtet. Wie nur kann er sie da herausholen?

Sunny ist immer noch nicht an die Medikamente herangekommen, um sanft und für immer entschlafen zu können. Die „Organisation" stellt sich doch schwieriger dar, als gedacht. Und wieder sitzt sie gedankenversunken und völlig abwesend auf ihrem Stuhl.

„Hallo Mamuschka!" Sunny schreckt hoch. Da steht ihre Tochter, die gerade in den USA Jura studiert, in der Tür. Ihr langes, rotes Haar fällt in sanften Wellen bis auf die Schultern. Sie strahlt sie an, so, wie sie einst selbst gestrahlt hat. Ihre Tochter kommt näher und gibt ihr einen Kuss. „Hier, für dich, mit einem ganz besonderen kleinen Gruß!" lacht sie ihr zu und drückt ihr einen wunderschönen Blumenstrauß in die Hand. Ein kleiner Zettel hängt daran und Sunny fühlt sich verpflichtet, ihn zu lesen, denn es soll ja ein „ganz besonderer" Gruß sein, wahrscheinlich der letzte, den sie in ihrem Leben bekommen wird. Sie öffnet das zusammengefaltete Kärtchen und ihre Tränen beginnen, zu fließen. „Aber Mamuschka! Das ist doch kein Grund zum Weinen! Ich wollte dir eine Freude machen. Du solltest es als Erste erfahren!" Sunny hält zitternd das Ultraschallbild von ihrem ersten Enkel in der Hand. „Aber das sind doch Freudentränen!" bringt sie nur hervor. Und die beiden liegen sich in den Armen...

Das nächste Blutbild gibt dem Chefarzt wieder ein unlösbares Rätsel auf. Er zweifelt am Labor und lässt eine Kontrolluntersuchung durchführen. Aber das Resultat bleibt exakt das gleiche: Alles in bester Ordnung! Und der Allgemeinzustand seiner (nun ehemaligen) Sorgenpatientin könnte nicht besser sein. Die Wunde ist innerhalb der letzten Woche perfekt abgeheilt und Sunny hat ihr Lachen und ihren Humor wiedergefunden. „Was war das doch gleich? Wollte ich nicht Medikamente organisieren? Wofür sollten die gleich noch mal sein? Oh Gott! Danke, dass du mich vor dieser unglaublichen, Riesen-Dummheit bewahrt hast!"

(9) ARBEITSLOS: Felix {50 Jahre}

Felix – „Der Glückliche!" Bis jetzt hat das ohne den geringsten Abstrich gestimmt. Er hatte eine behütete Kindheit, eine sorglose Jugend, einen abenteuerlichen Einstieg ins Erwachsenenalter, führt seit über zwanzig Jahren eine erfüllte Ehe und auch beruflich war immer alles paletti.

Und jetzt? – Glücklich sieht anders aus – ganz anders!

Seine Ehe? – Alles in bester Ordnung. Als die beiden Kinder aus dem Haus sind, gab es einen zweiten Frühling...

Seine Freunde? – Alles in bester Ordnung. Felix trifft sich regelmäßig mit ihnen zu einem Skatabend. Aber das Kartenspielen ist eigentlich nebensächlich. Sie können einfach über alles miteinander quatschen, während ihre Frauen sich woanders treffen.

Sein Volleyballverein? – Alles in bester Ordnung. Das wöchentliche Training in der Freizeitmannschaft lässt ihn jung bleiben. Und das sind wirklich tolle Jungs in der Mannschaft.

Seine Arbeit? – Rein gar nichts ist in Ordnung. Es gibt seinen Arbeitsplatz nicht mehr. Wegrationalisiert! Zwei Betriebsteile wurden zusammengelegt und da braucht es nur noch einen einzigen Hauptgeschäftsführer. Und, wie könnte es anders sein – natürlich wurde so entschieden, dass eine langjährige Kontinuität für das Unternehmen gesichert ist. Der fünfzehn Jahre jüngere Kollege mit den harten Ellenbogen hat das Rennen gewonnen. Vielleicht nicht mit ganz fairen Mitteln – aber Sieg bleibt Sieg.

Natürlich hat auch der Sozialplan eine Rolle gespielt. Und da ist ein Kollege mit drei kleinen Kindern und einer nicht in einem Arbeitsverhältnis stehenden Frau bevorzugt zu behandeln. „Die paar Jahre bis zur Rente kann man doch locker überbrücken!" hat der Aufsichtsratsvorsitzende ihm mit auf den Weg gegeben. „Und damit es einfacher wird – hier eine beachtliche Abfindung!"

Die Abfindung macht Felix nicht wieder glücklich und unter „beachtlich" versteht er auch etwas anderes.

Er hat noch über zwei Monate Resturlaub, weil er sich mehr als loyal für die Belange des Unternehmens eingesetzt hat. Demgemäß gab es dieses Jahr noch gar keinen Urlaub und auch vom letzten ist noch ein Teil übrig.

Genießen kann Felix den Urlaub nicht. Er möchte sich danach auf keinen Fall arbeitslos melden. Und so schreibt er eine Bewerbung nach der anderen. Sein Arbeitszeugnis ist exzellent. Er konnte es selbst formulieren. Und sein direkter Vorgesetzter konnte mit gutem Gewissen unterzeichnen. Potenzielle Arbeitgeber scheint es aber nicht zu beeindrucken. Über neunzig Prozent seiner Bewerbungen verpuffen im Nirwana, das heißt, er bekommt keinerlei Antwort oder Reaktion darauf. Die restlichen zehn Prozent sind fast vollständig Absagen. Die zwei Vorstellungsgespräche, die er bis jetzt realisieren konnte, verliefen aus seiner Sicht absolut positiv. Aber nach beiden bekam er die Woche darauf einen Negativbescheid. Das Ganze ohne Begründung. Felix weiß natürlich, dass er mit seinem Alter das beste Argument liefert, ihm keine Stellung anzubieten.

Er verzagt, als er seinen letzten Urlaubstag immer näher kommen sieht. – Nun sind es nur noch zwei Wochen! Danach muss er sich arbeitslos melden oder wohlwollender formuliert: „arbeitssuchend!" Nein, Felix kann es nicht begreifen, dass man ab fünfzig keine Chance mehr haben soll auf dem Arbeitsmarkt.

Heute Abend geht er sich wieder auspowern beim Volleyball. Aber er ist geknickt. Er verhaut jede Aufgabe, in Annahme, Angriff und Stellungsspiel würde ein Erstklässler ihm wohl Konkurrenz machen. „He, Felix! Was ist denn los mit dir? Hallo? Der Ball ist eben neben dir runtergefallen!" Die eigentlich netten Jungs scheinen kein Verständnis für ihn zu haben. Aber woher auch. Sie wissen ja nicht, wie es ihm geht. Er spricht ja nicht über seine Sorgen. Immer mehr verschließt er sich. Schleichend entfremdet er sich seiner Familie, seinen Freunden, seiner Umwelt.

Nun ist es nur noch eine Woche bis zum Countdown. Skatabend ist angesagt. Felix ist nicht bei der Sache und versiebt alle Einzelspiele, überreizt und verzählt sich. Es macht ihm heute auch gar keinen Spaß, zu spielen. Nicht, weil er am Verlieren ist. Nein, alles ist so bedrückend!

Seine letzten Bewerbungen haben auch nicht gefruchtet und so kommt der Tag, an dem er sich in dem Gebäude mit dem großen A einfinden muss. Nie, niemals hätte er gedacht, dass es ihn mal „erwischen" könnte. Er füllt zitternd die Formulare aus und muss wohl auch nicht gerade besonders stabil aussehen. Denn die Sachbearbeiterin reicht ihm ein Glas Wasser und fragt, ob er eine ärztliche Betreuung wünscht.

Er verneint dankend und zittert alle Worte auf's Papier, die, aneinandergereiht, einen Sinn ergeben sollen. Ob er es geschafft hat, kann er aber hinterher nicht sagen. Er hat bis zu Hause auch schon vergessen, was er alles ausgefüllt hat. Überhaupt spielt ihm sein Gedächtnis immer mehr Streiche. Mit der Konzentration ist es nicht mehr weit her und sein Erinnerungsvermögen setzt pausenlos aus. Manchmal sucht er nach ganz bestimmten Worten, die es mal gab in seinem Kopf. Sie liegen auch noch auf seiner Zunge, aber er schafft es nicht, sie auszuspucken. Dank seiner eigentlich routinierten Kommunikationsstärke ist er aber meist in der Lage, zu umschreiben, was er meint. Zuerst ärgert ihn das massiv. Aber bald ist es ihm relativ egal:

Wenn ihm ein Wort fehlt, dann ist es eben so!
Wenn seine Frau ihn an etwas erinnern muss, weil er es vergessen hat, dann ist es eben so!

Und bald ist ihm *alles* egal:

Wenn sein Bart immer voller wird, weil er keinen Grund sieht, ihn zu stutzen, dann ist das eben so!
Wenn er seine Körperhygiene vernachlässigt, weil er keine Kraft dazu findet, keinen Antrieb dazu hat, dann ist das eben so!
Wenn er nicht mehr in der Lage ist, Sex mit seiner Frau zu haben, weil er einen totalen Libidoverlust hat, dann ist das eben so!
Wenn er zum Alkohol greift, um sein Elend zu ersäufen und alles um sich her vergessen zu können, dann ist das eben so!

Immer tiefer versinkt Felix in der Depression. Auch vom Arbeitsamt bekommt er keine Stelle vermittelt. Er soll nun eine Umschulung mitmachen. Aber er ist zu kraftlos, um daran teilzunehmen. Na, wenigstens schafft er den Weg zum Arzt, um sich eine Arbeitsunfähigkeitsbescheinigung ausstellen zu lassen. Was seine Jungs beim Volleyball machen, interessiert ihn auch nicht weiter. – Er war nun schon wochenlang nicht mehr dabei. Und der Skatrunde hat er auch den Rücken gekehrt. Felix hat an nichts mehr Interesse, an nichts mehr Freude. Und seine Emotionen versiegen unaufhaltsam. Seine einzige Konstante ist jetzt der Alkohol. Er versteckt ihn auch nicht mehr vor seiner Frau. Soll sie doch sehen, dass er seinen Kummer runterspülen muss, weil er keinen anderen Ausweg sieht. Oder gibt es doch noch einen anderen Ausweg? „Eigentlich hält mich ja hier nichts mehr. Die Kinder sind erwachsen und gehen ihren Weg. Sie werden darüber hinwegkommen, wenn ich von der Bildfläche verschwinde. Und meine Pia? Sie hat ja nur noch einen Säufer als Mann. Es wird eine Erlösung sein für sie, wenn ich weg bin!" Damit steht Felix' Entschluss fest!

Er geht noch ein letztes Mal zum Briefkasten, öffnet einen an ihn adressierten Brief und liest ihn, ohne den Sinn wirklich zu erfassen. Aber irgendetwas stimmt da nicht! „...Bitte entschuldigen Sie, dass wir erst jetzt, zwei Monate nach Ihrer Bewerbung, auf Sie zurückkommen. Falls Sie noch Interesse haben, in unser Unternehmen einzusteigen – wir benötigen einen zuverlässigen Mann mit Ihrer Erfahrung und Qualifikation..." Das Vorstellungsgespräch verläuft positiv und bald ist Felix wieder der „Glückliche"!

(10) HORMONCHAOS: Ella {55 Jahre}

Da ist sie, die Menopause. „Das ist doch viel zu früh! Na klar habe ich schon jahrelang massiv mit klimakterischen Beschwerden zu kämpfen, aber das kann doch einfach nicht sein! Alle meine Freundinnen zeigen überhaupt noch keine Anstalten...!"

Ella hat wesentlich mehr als viele andere Frauen mit den Wechseljahren zu tun. Die Hormonverschiebungen richten ein riesiges Chaos an in ihrem Körper und in ihrer Seele. Ella ist so nah am Wasser gebaut, dass die kleinste Unregelmäßigkeit sie aus der Fassung bringt und die salzigen Fluten hervorbringt. Was hatte doch ihre Kollegin letzte Woche gesagt? „Ja, ja, wir werden alle nicht jünger." Das war nicht mal auf Ella gemünzt, aber es hatte eine verheerende Wirkung auf sie. Gleich kreisten ihre Gedanken wieder um ihre Menopause und sie musste sich fast eine halbe Stunde die „Nase pudern" gehen.

Und gereizt ist Ella bis zum Get-no. Ständig ist sie auf hundertachtzig! Wenn sie mit dem Auto in die Rushhour hineingerät, hört sie sich unablässig auf alles und jeden fluchen, wenn es in ihren Augen nur den kleinsten Anlass gibt: „Was soll das denn, du Idiot!? Kannst du nicht rechtzeitig blinken? Hallooooo! Komm doch endlich aus dem Knick! Pass auf, dass deine Räder sich nicht eckig stehen! Grüner wird's nicht! Vielleicht kannst du dich bald mal entscheiden, ob du nach rechts oder links willst?! Hast du deinen Führerschein im Dschungel gemacht oder im Lotto gewonnen?" Und das kann Ella endlos fortsetzen!

Auch auf Arbeit reagiert sie oft aggressiv, wenn sie angesprochen wird: „Siehst du nicht, dass ich etwas schreibe? Ich kann immer nur eins machen!" Es ist wirklich schwer, den richtigen Augenblick abzupassen, um ein nicht von ihr ausgehendes Gespräch zu initiieren. So baut sich Ella einen Schutzschild auf, der sie in ihrer eigenen Welt unantastbar macht. Sie braucht das, um alles um sich her kontrollieren zu können. Sie hat Angst, dass ihr nicht nur ihre Jugend entgleitet, sondern auch die Kontrolle über ihr Leben und ihre Arbeit, welche ihr noch einen gewissen Halt gibt. Es fällt ihr zunehmend schwerer, auch kleinste Entscheidungen zu treffen. Aber sie wird sich nie eine Blöße geben. Eine Schwäche einzugestehen würde nicht zu ihrem schon krankhaft ausgeprägten Perfektionismus passen.

Ella hat immer irgendwelche Süßigkeiten oder Knabbereien in ihrer Schreibtischschublade. Sie frisst das Zeug geradezu in sich hinein. Und der BMI lässt grüßen, ruckzuck sind die dreißig überschritten. Sie ist fett, das Wort „vollschlank" wäre ein inakzeptables Kompliment für ihr Problem. Auch zu Hause steht an jeder Ecke eine Kleinigkeit: im Wohnzimmer die Pralinen in der Kristallschale, im Korridor ein Schälchen geröstete Erdnüsse, die ständigen Nachschub erhalten, sobald sie „vernichtet" wurden, in der Küche Popcorn, getrocknete Feigen und Datteln, im Schlafzimmer eine nie versiegende Quelle an Kartoffelchips auf dem Nachtschränkchen. Und jedesmal, wenn Ella an einem dieser besonderen Plätze vorbeikommt, und das passiert faktisch alle paar Minuten, muss sie zugreifen. Es gibt einfach keine Beherrschung für sie.

Ella ist nicht verheiratet, sie war es mal. Aber ihr Mann hat sich vor einigen Jahren wegen einer anderen, jüngeren, abgesetzt. Das war so verletzend, so niederschmetternd, so erniedrigend! Und da hat sie angefangen mit ihrer Nascherei.

Neben ihrem kalorienstarken Trost freut sie sich nur noch jeden Tag auf ihren kleinen Hund. Ihm kann sie alles erzählen, was sie bedrückt. Er hört geduldig zu und gibt keine dummen Ratschläge. Und er freut sich jedesmal riesig, wenn sie von der Arbeit heimkommt. Und ohne ihn wäre sie vielleicht schon wegen Verfettung gestorben. Denn er zwingt sie, sich jeden Morgen und Abend mindestens eine halbe Stunde an der frischen Luft zu bewegen. Lust hat sie dazu schon lange nicht mehr. Und mit den zunehmenden Wechseljahresbeschwerden nimmt ihre Inaktivität immer mehr zu.

Ella spürt, wie ihre Kraft nachlässt, Kraft, das tägliche Pensum zu meistern, Kraft, ihr Leben zu leben. Sie ist schließlich so energielos, dass sie sich von ihrem Arzt aus dem Verkehr ziehen lässt. Eine Woche kommt zur anderen. Ihr Hausarzt ahnt, woher der Wind weht und überweist Ella an einen Psychiater, zu dem sie auch bereitwillig geht. Eine unerklärliche Traurigkeit ergreift Besitz von ihr, Ströme von Tränen fließen jeden Tag und sie muss ständig Nachschub an Taschentüchern besorgen.

Ella flucht nicht mehr. Sie fährt auch nicht mehr mit dem Auto. Ihr Telefon und die Haustürklingel sind abgestellt. Sie möchte durch nichts und niemanden gestört werden, wenn sie ihren Gedanken nachhängt.

Und ihr armer Hund? Ella unternimmt keine Spaziergänge mehr. Aber zum Glück wohnt sie parterre und hat einen kleinen, eingezäunten Garten, gleich an die Wohnzimmerterrasse grenzend. So kann sich der kleine Vierbeiner wenigstens hier frei bewegen und hat auf jeden Fall immer ein Stück Wiese und einen Busch, um sich nicht in der Wohnung entleeren zu müssen.

Ella ist inzwischen alles egal. Sie driftet immer weiter ab. Der Abwasch stapelt sich in der Küche, genauso, wie der Müll. Ein strenger „Duft" zieht bereits bis ins Treppenhaus. Die Nachbarn lassen die Haustür häufig weit geöffnet, um frische Luft atmen zu können, wenn sie ins Haus kommen oder ihre Wohnungen verlassen. Ella nimmt das alles nicht wahr. Sie geht nur einmal pro Woche aus dem Haus, um einzukaufen. Hauptsächlich ist ihr daran gelegen, dass die Knabberecken immer wieder ausreichend nachgefüllt werden können. Alles andere ist sekundär. Wasser ist ja genug in der Leitung. Sie kann sich also Tee oder Kaffee kochen, soviel sie möchte. Aber meistens ist sie nur in der Lage, das Wasser aus der Leitung einfach so zu trinken, wie es herauskommt.

Irgendwann hat Ella einen lichten Moment, schaut sich in ihrer Wohnung um und ist geschockt von sich selbst. Aber sie ist völlig energielos und nicht in der Lage, den Zustand zu ändern. Sie sinkt wieder in sich zusammen, lässt die Wohnung weiter verkommen und sich und den Hund. Vielleicht könnte sie dem ganzen Zustand ja ganz schnell ein Ende setzen – einen Schlussstrich ziehen!? Der Gedanke gefällt ihr und sie grübelt über den besten Weg nach.

Auf das eindringliche Klopfen des Nachbarn an ihrer Wohnungstür reagiert sie nicht. Ein nicht mehr auszuhaltender strenger Gestank, der durch alle Ritzen nach außen dringt, weil sie sich und ihre Kleidung schon wochenlang nicht mehr gewaschen hat, ein kleiner, abgemagerter Hund im Garten, weil sie ihn zum Selbstversorger erklärt hat, der seine Futterdosen nicht selbst zu öffnen in der Lage ist, ein überquellender Briefkasten und ihre „Nichtpräsenz" lassen nichts Gutes erahnen. Ella bekommt das Klopfen nicht mit. Als die Polizei die Tür öffnet und plötzlich die Rettungskräfte in der verwahrlosten Wohnung stehen, schaut sie sie nur verständnislos an. Sie sieht alles wie durch einen Schleier. Sie kann keine Antworten auf die vielen Fragen geben, die ihr gestellt werden. Natürlich wird sie mitgenommen und um den Hund kümmert sich hilfsbereit der nette Nachbar.

Als Ella nach Monaten stationärer Psychotherapie wieder langsam auf die Beine kommt und zurückblickt, kann sie gar nicht glauben, was sie da sieht. Denn sie kann sich nun, da die Medikamente reduziert werden, wieder an alles erinnern, was sie „fabriziert" hat. Aber es zu verstehen, da ist sie gerade dabei, gerade mal am Anfang. Ihre Suizidgedanken hat sie aber bereits ad acta gelegt. Keine unwesentliche Rolle spielt dabei ein kleiner Vierbeiner, der sie täglich besuchen kommt und jedes Mal die tollsten Pirouetten dreht, wenn er sie sieht. Na ja, und da ist auch noch der freundliche Nachbar, der ihr Hundi begleitet. Mit dem kann sie sich ganz toll austauschen. Wenn sie das schon eher gewusst hätte, wäre alles vielleicht ganz anders gekommen...

(11) BURNOUT: Hans {60 Jahre}

Er steckt seine ganze Energie in den Job, er reibt sich auf dafür. Seine Familie leidet darunter. Hans versucht, alles unter einen Hut zu bringen und auch für Frau und Kinder da zu sein. Aber wenn er etwas kann, dann Prioritäten setzen. Die liegen zwar, für ihn selbstredend, bei seiner Familie, jedoch: ohne seinen Job kann er sie nicht versorgen. Und er füllt seinen Job zudem mit ganzem Herzen aus, so dass sich, gewissermaßen gezwungenermaßen, die Priorität doch zur Arbeit verschiebt. Und das geht schon jahrelang so.

In letzter Zeit fällt ihm der Weg zur Arbeit immer schwerer. Zum Glück hat er gleitende Arbeitszeiten. So springt es nicht unbedingt gleich ins Auge, dass er immer später erscheint. Natürlich bleibt er dann länger, aber jedes Projekt kostet ihn unendlich viel Kraft. Die tägliche Bearbeitung seiner umfangreichen E-Mail-Eingänge, was noch vor einem Jahr in längstens dreißig Minuten erledigt war, beansprucht ihn jetzt ca. zwei Stunden. „Ist das so viel mehr geworden? Oder sind die Mails nur komplizierter zu beantworten? Bin ich zu alt und einfach nicht mehr leistungsfähig?" Diese Fragen hämmern jeden Tag in Hans' Kopf.

„Habe ich schon dies oder das erledigt? Ich wollte doch unbedingt weitergeben, dass..." Hans kann sich beim besten Willen nicht erinnern, ob er eine bestimmte, wichtige Information schon gestreut hat. Er findet zwar eine entsprechende Datei. Aber hat er sie schon ausgedruckt?

Es bleibt ihm nur, in die entsprechende Fachabteilung zu gehen und einen unverfänglichen Blick umherschweifen zu lassen. Vielleicht entdeckt er ja sein Schreiben. Er kann sich doch nicht die Blöße geben und direkt nachfragen. So rafft er sich zusammen und macht sich auf den Weg. Für seine Mitarbeiter, die er unterwegs trifft, hat er immer ein freundliches Wort. „So ein Mist! Da sitzen gerade alle im Pausenraum!" Er überlegt, ob er um- oder abdrehen soll, aber es ist zu spät. Sie haben ihn schon entdeckt und rufen ihn zu sich. Er versucht, unauffällig alle aushängenden Informationen zu checken und: „Puh! Da ist sein Schreiben!" Also alles in bester Ordnung. Er kann sich ganz auf die Mitarbeiter konzentrieren und nach etwas Smalltalk kann er wieder verschwinden. „Das wäre also geklärt!"

Er hat ein Problem weniger. Aber sein Gedächtnis macht ihm wirklich Sorgen. Er kann sich manchmal an die einfachsten Dinge nicht erinnern und in Gesprächen fehlt ihm teilweise das richtige Vokabular. Er weiß sich aber noch zu helfen, indem er alles umschreibt und auch so zum Ziel kommt. Danach fällt ihm dann häufig das Wort ein, nach dem er krampfhaft gesucht hat. „Wie kann das sein? Beginne ich, dement zu werden?" Es beunruhigt ihn massiv.

Auch mit seiner Konzentration ist es nicht mehr weit her. Wenn er eine Seite gelesen hat, muss er häufig zurückspringen, um den Kontext zu verstehen. Was er jahrelang aus dem Ärmel geschüttelt hat, raubt ihm jetzt die letzten Kraftreserven. Um einen neuen Gesetzestext mit zwei Abschnitten zu erfassen, braucht er eine halbe Stunde. „Das geht doch nicht!"

Hans' Nächte sind die letzten Wochen katastrophal! Er kann zwar relativ schnell einschlafen, aber spätestens um drei Uhr schaut er das erste Mal auf seinen Wecker. Und dann geht es längstens im Stundenrhythmus, gegen Morgen im Zehn-Minuten-Takt. Manchmal versinkt Hans in einen Halbschlaf. Er weiß nicht, ob er schläft oder wacht. Und in diesen Phasen erwischen ihn dann immer häufiger werdende Albträume und Angstzustände. Er wacht dann schweißgebadet auf und fühlt sein Herz mit Überschallgeschwindigkeit rasen. Um seine Brust legt sich ein krampfender Ring und er reißt das Fenster auf, um nicht zu ersticken.

Wenn er es dann geschafft hat, aufzustehen und sich auf den Weg zur Arbeit zu machen, fängt wieder dieses verdammte Ohrensausen an! „Scheiß Tinnitus!" flucht er in sich hinein. Aber davon wird es auch nicht besser. Er reißt sich zusammen, aber merkt, dass es nicht mehr lange so weitergeht.

Seine Nackenverspannungen nehmen von Tag zu Tag zu. Und dann passiert es: Flup! Eine Bandscheibe an der Halswirbelsäule ist herausgerutscht: Prolaps! Bandscheibenvorfall! „Ich habe doch gar nichts Schweres gehoben oder mein Genick überanstrengt!" Die Schmerzen sind unerträglich und strahlen bis weit in den Arm hinein aus.

Nun muss Hans doch zum Arzt gehen. Er sucht sich einen Spezialisten im Internet und läuft hin. Fahren geht nicht, weder mit Auto, noch Fahrrad. Die Schmerzen und die Bewegungseinschränkungen sind zu groß. Zu hoch die Gefahr, dass etwas Ungewolltes passiert.

Hans hat Glück: Er muss nicht allzu lange warten und der Arzt scheint sein Fach zu verstehen. Ein MRT wird die Diagnose bestätigen. Vorerst verschreibt der Arzt Schmerzmedikamente und will eine Krankschreibung ausstellen. Hans handelt sie auf eine Woche herunter. Aber er wird sie nie seinem Arbeitgeber vorlegen und auch der Krankenkasse nicht zusenden. Warum denn? Er hat doch noch über einhundert Überstunden. Die baut er jetzt ein Stück weit ab. Telefonisch ist er natürlich rund um die Uhr erreichbar und steht für alle Fragen zur Verfügung.

Aber der Arzt belässt es nicht bei der Schmerzmedikation und der Arbeitsunfähigkeitsbescheinigung. Er stellt Hans eine Überweisung zu einem weiteren Spezialisten aus. Und mit seinem Einverständnis ruft er in seinem Beisein den Psychiater an und informiert ihn über seinen Verdacht. Hans hört etwas von Burnout und Depression. Und der Arzt schiebt ihm eine Visitenkarte des Kollegen rüber, mit einem Termin am nächsten Tag. Hans muss ihm in die Hand versprechen, sich dort vorzustellen. „Was soll's. Kann ich ja machen. Kann ja nicht schaden."

Die Medikamente wirken ausgezeichnet. Allerdings hat Hans die doppelte Dosierung von dem geschluckt, was angesetzt war. So war er noch am gleichen Tag in der Lage, viele Dinge zu Hause aus am PC abzuarbeiten, die schon lange darauf gewartet hatten, bewegt zu werden.

Und am nächsten Tag, sucht er, wie versprochen, den Facharzt für Nervenheilkunde auf. Aber etwas komisch ist ihm doch, als er das Praxisschild liest und durch die Tür in den Warteraum tritt.

Er wird auch sofort ins Sprechzimmer gebeten und der Arzt nimmt sich richtig viel Zeit für ihn. Er fragt ihn Löcher in den Bauch und Hans erzählt, wie es ihm wirklich geht. Er hat das Gefühl, hier verstanden zu werden. denn sonst hat er sich noch niemandem geöffnet, nicht einmal seiner Frau. Auf einem Fragebogen, der von A bis U geht, bleibt er am I-Kriterium hängen. Hier wird danach gefragt, ob er Suizidgedanken hätte. Der Arzt bemerkt sein Zögern und hakt ein. „Ja, er hatte schon mehrfach diese unangenehmen Gedanken, sie zwar immer wieder fortgeschoben, aber nicht verhindern können, dass sie sich wieder neu präsentierten." Erst jetzt erkennt Hans, wie schlecht es ihm eigentlich geht, dass der Prolaps bei allem noch das geringste Übel ist und dass er anscheinend professioneller Hilfe bedarf. Aber die sitzt ihm ja schon gegenüber.

Jetzt lässt sich Hans auf eine lange Krankschreibung ein. Er will eine ambulante Therapie versuchen. Und er schafft den Absprung gerade noch so.

Hans kann froh sein, dass sein Körper gestreikt hat, dass er sich gegen all den Stress mit Magendrücken, Tinnitus und Prolaps gewehrt hat. Und er kann froh sein, dass ein aufmerksamer, erfahrener Arzt erkannt hat, was wirklich hinter dem Bandscheibenvorfall steckt.

Es dauert ein halbes Jahr. Hans hat sich ganz auf seine Genesung konzentriert. Eine neue Handynummer hat ihn unerreichbar werden lassen. Seine Depression konnte er besiegen. Es hat viel Arbeit und Mühe gekostet, aber Hans hat Prioritäten gesetzt. Und künftig wird er genau aufpassen, wo seine Grenzen liegen.

(12) VERNACHLÄSSIGT: Ida {85 Jahre}

„Robert?" Ida ruft immer wieder nach ihrem Sohn, der nun auch schon Rentner ist. Es geht über weite Strecken so. Ja, Ida ist zeit- und teilweise verwirrt. Aber hinzu kommt eine Depression, die sich anscheinend manifestieren will.

Ida hat ihr Leben lang „ihre Frau" stehen müssen. Ihr Mann ist im Krieg geblieben und hat ihr nur ihren Sohn hinterlassen – Robert. So hieß auch sein Vater. Ida war alleinerziehend, hat nie wieder einen anderen Mann angeschaut. Und ihr Sohn war schon immer und ist noch ihr Ein und Alles.

Viel Schlimmes hat sie erlebt in der Kriegs- und Nachkriegszeit. Das prägt sie bis heute. Jahre voller Entbehrungen hat sie durchstanden und alles hat sie für ihren Robert getan. Sie hat mehrere Jobs gleichzeitig gemacht und war trotzdem immer für ihren Sohn da.

Und jetzt, da sie nicht mehr alleine zu Hause leben kann, hat ihr geliebter Sohn sie ins Heim gebracht. Das tut ihr weh! Und das lässt sie so unsagbar traurig sein und ruft auch die Verwirrtheitszustände hervor.

Ihr Sohn hat ganz in ihrer Nähe eine Wohnung. Er kümmert sich jahrelang liebevoll um sie, aber kann den natürlichen Verfall nicht aufhalten. Nach immer häufigeren Stürzen bekommt sie einen Hausnotruf und seit sie pflegebedürftig ist, kommt ein ambulanter Pflegedienst ins Haus, um sie zu versorgen.

Aber sie wird immer hinfälliger. Robert schaut täglich nach ihr. Aber sie fühlt sich vernachlässigt. Sein abendlicher Besuch ist das Einzige, worauf sie sich noch freuen kann.

Ihre Körperhygiene gerät massiv ins Hintertreffen und die Schwestern der Sozialstation dürfen auch nur das Nötigste machen. Sie lässt keine Hilfe zu, außer der ihres Sohnes.

Ida macht sich auch nichts mehr zu essen. Nur, was Robert ihr bringt oder zubereitet, nimmt sie zu sich, am liebsten mit ihm zusammen.

Sie hält zu keinem anderen Menschen mehr Kontakt, ganz anders noch als vor einem Jahr, wo sie viel und regelmäßig mit ihren jahrzehntelangen Bekanntschaften kommuniziert hat, sei es kurz mal am Telefon oder beim stundenlangen Kaffeekränzchen.

Alles ist nach und nach eingeschlafen und Ida hat kein Interesse und keinen Elan mehr, irgendetwas zu initiieren. Sie zieht sich in ihr Schneckenhaus zurück und streckt ihre Fühler nur heraus, wenn Robert kommt.

Ida verwahrlost zusehends. An Aufräumen oder Abwasch ist nicht zu denken. Robert muss jedesmal einspringen. Die Pflegekräfte dürfen es nicht.

Robert sieht die Not seiner Mutter, erkundigt sich nach Möglichkeiten einer umfassenden Betreuung und kommt letztendlich, nach vielen Beratungen, zu dem schweren Schluss, dass nur ein Heimplatz seiner Mutter ausreichend Sicherheit bieten kann. – Sicherheit, Geborgenheit und ein soziales Umfeld, wo sie neue Kontakte knüpfen kann.

Darüber mit seiner Mutter zu sprechen, fällt ihm unendlich schwer. Aber schließlich willigt sie ein. Nicht etwa, weil sie die Notwendigkeit einsieht. Nein, ihre Gefährdung und Unterversorgung im häuslichen Milieu unterschätzt sie um Größenordnungen! Aber wenn ihr Robert meint, dass es das Beste für sie sei, wird sie es zumindest versuchen.

Jetzt, wo sie die erste Nacht in ihrem neuen Heim verbracht hat, fühlt sie sich abgeschoben und alleingelassen, wie auf einem Abstellgleis. Ihr Sohn hat noch nicht nach ihr geschaut! Wie kann er so herzlos sein! Sie sackt immer weiter in sich zusammen.

Die Schwestern fragen freundlich, was sie zu essen haben möchte. Aber sie zeigt nur eine ausdruckslose Mimik.

Es geht mehrere Wochen so. Ida nimmt kaum Nahrung zu sich. Das Pflegepersonal macht sich Sorgen und bemüht sich um Zugang zu ihr, aber alles vergebens. Sie dürfen ihr nicht sagen, dass Robert gerade eine schwere Herz-OP hinter sich hat, weil er meint, dass sie sich dann noch mehr sorgen und zermartern würde und dass dies schlimmer wäre, als wenn er einfach einige Wochen von der Bildfläche verschwindet. Und da kennt er seine Mutter ganz gut. Ganz sicher würde sie vor Sorge zergehen, was in ihrem sowieso schon angeschlagenen Zustand das reine Gift wäre.

Die Schwester, welche ihr heute das Mittag auf's Zimmer bringt, bittet sie um ein Messer. „Aber wozu denn? Es gibt doch Eintopf." „Ich will mir die Pulsadern aufschneiden."

Die Schwester ist geschockt und versucht, Ida zu trösten. Und da kommt ihr ein glücklicher Zufall zu Hilfe. Ein Pfleger klopft an und schaut kurz herein, um wegen etwas nachzuhaken. So schnell wie er drin war, ist er auch wieder draußen. Er ist für andere Bewohner zuständig. Ida fragt die Schwester, warum Robert nur so kurz reingeschaut hat und gleich wieder fort ist. Da macht es „klick" bei der Pflegerin, sie verabschiedet sich und bespricht sich schnell mit ihrem Kollegen. Dieser erfasst die Situation sofort und klopft an Idas Zimmer.

„Herein!" „Hallo!" „Robert, dass du dich endlich wieder sehen lässt! Komm her, mein Junge!" Das ist der kritische Augenblick, das weiß der Pfleger. Soll er jetzt sagen, dass er gar nicht Robert ist? Soll er ihr vorspielen, sein Sohn zu sein? Beides könnte fatale Folgen haben. Er handelt schließlich intuitiv, bejaht nicht das Eine und verneint nicht das Andere. Auf jeden Fall ist endlich jemand da, dem Ida Vertrauen entgegenbringt. Später wird sie erzählen, dass sie wusste, dass er nicht ihr Sohn ist, aber dass sie es sich so sehr gewünscht hat, dass es ihr egal war, dass er es nicht war. – Hauptsache, da war ein Mann, der ihr Sohn sein *könnte*.

Vorerst ist das Eis gebrochen und Ida löst sich zusehends aus ihrer Teilnahmslosigkeit. Nach wochenlangem, ausschließlichem Liegen im Bett und Sitzen im Sessel, kommt sie nun auch von sich aus zu den Mahlzeiten gelaufen. Es wird strikt darauf geachtet, dass Ida von männlichen Pflegekräften versorgt wird. Und die Rechnung geht auf. Ida wird richtig aktiv.

Sie kann sich sogar die Namen ihrer Pflegekräfte merken. Ihre Verstopfungen sind wie weggeblasen. Sie zeigt Interesse an der Gemeinschaft mit anderen, sie wird kein einziges Mal mehr verwirrt oder traurig angetroffen und sie verlangt auch kein Messer mehr, um sich umzubringen. Vielleicht haben auch die Medikamente geholfen, aber ausschlaggebend war ganz sicher der empathische Umgang der männlichen Pflegekräfte mit ihr – in dieser besonderen Situation, da sie ihr Leben lang auf ein männliches Pendant fixiert war.

Und nun ist auch die Zeit der Reha um, die Robert gleich im Anschluss an seine Herz-OP erhalten hat. Er klopft an das Zimmer seiner Mutter, aber erhält keine Antwort. Er drückt die Klinke herunter, aber es ist verschlossen. Verunsichert will er zum Dienstzimmer gehen, um sich zu erkundigen, was passiert ist. Da hört er das ihm so gut bekannte, schallende Lachen seiner Mutter aus dem Aufenthaltsraum. Er schaut verhalten um die Ecke. Sie sieht ihn, sagt zu ihrer Tischgesellschaft stolz „Das ist mein Sohn Robert!" und ruft ihn zu sich heran, als ob er erst gestern das letzte Mal zu Besuch gewesen wäre.

Die beiden gehen in Idas Zimmer und haben sich viel zu erzählen. Ganz offen können sie über alles sprechen, was sie bewegt. „Und deine Depression, Mama?" – „Ich weiß gar nicht, was du meinst, Robert!"

Epilog

Warum ist es für viele Menschen so schwer, eine Depression als Erkrankung zu erkennen und anzuerkennen?

Warum sind Depressionen noch nicht in breiter Front gesellschaftsfähig?

Warum ist es immer noch ein Tabu-Thema, obwohl wir in einer „Depressionsgesellschaft" leben?

Drei Fragen, auf die es wohl mindestens dreihundert Antworten gibt.

Viele an Depressionen erkrankte Patienten verschließen sich, gerade aufgrund ihrer Erkrankung, vor ihrer Umwelt. Das heißt, vor ihren Kollegen, vor ihren Freunden, die dann möglicherweise bald keine mehr sind, vor ihrer Familie und sogar vor sich selbst.

Ein Teufelskreis beginnt, der meist lange nicht durchbrochen werden kann: Durch die tiefe Traurigkeit, Freudlosigkeit und die Antriebslosigkeit setzt, fast automatisch, möchte man meinen, der soziale Rückzug und Isolation ein. Durch die immer spärlicheren Kontakte zur „Außenwelt" kreisen die Gedanken immer mehr um die Probleme, die die Depression verursacht haben, ohne eine Lösung zu finden.

Oft ziehen sich dann auch Freunde zurück, was die Depression nur noch verstärkt, denn man wird ja darin bestätigt, dass man wertlos ist.

Der Appetit lässt massiv nach oder es gibt Fressattacken.

Der Schlaf, den gibt es oft so gut, wie gar nicht mehr. Es ist häufig nur noch ein Dahindämmern, ein nächtlich stündliches zur Uhr schauen und Erwarten der Morgendämmerung, um sich dann, völlig zerschlagen, wenigstens dazu zu zwingen, die Zähne zu putzen.

Und wenn selbst das nicht mehr gelingt...

Die Symptome, die eine Depression begleiten können, sind so vielfältig, dass sie bei jedem Betroffenen anders aussehen.

Einer bekommt ständige Migränezustände, ein anderer Schwindelanfälle. Einer plagt sich mit Verstopfung, der nächste mit Durchfall. Einen suchen Nackenverspannungen heim, den anderen permanentes Sodbrennen und Magenschmerzen.

Und alles ist real! Da ist kein Hypochonder dabei, der sich diese Symptome nur einbildet!

Neben all den körperlichen Leiden sind aber die psychischen Qualen die ausschlaggebenden.

Sie lassen oft unweigerlich die Frage aufkommen, ob es nicht am besten wäre, „einfach Schluss zu machen".

*„Es muss doch herrlich sein, keine Verzweiflung mehr zu spüren, keinen Schmerz, keine Nicht-Liebe, keine Ausgrenzung mehr zu erfahren, keinen Stress mehr ertragen zu müssen und sich keine Gedanken mehr machen zu müssen, wie es weitergeht!" Das spricht natürlich **für** einen „kurzen Prozess".*

*Und was kann man **dagegen**halten?*

Da sind erst mal so banale Dinge, wie: „Verdammt, wie und wo mache ich es denn am besten? Ich will ja auch keinen meiner Lieben schockieren, wenn sie mich finden. Im Wald aufhängen kann auch nicht die Lösung sein. Wenn da Kinder toben und mich finden, sind sie gezeichnet für's Leben!"

Was man wissen sollte: Depressive Patienten sind oft hoch verantwortungsbewusst und sensibel!

Also zurück zum Wie und Wo: „Vor einen Zug schmeißen gibt eine Riesensauerei und womöglich werden durch eine Notbremsung noch völlig Unbeteiligte verletzt.

Wie man es dreht und wendet, eine wirklich „gute" Lösung für einen „sauberen" Suizid, ohne Beeinträchtigung deines sozialen Umfeldes, wirst du nicht finden!

Und das ist auch gut so, denn

„TOT BIST DU NOCH LANGE GENUG!"

Gib niemals auf, dich aus deiner vermeintlich aussichtslosen Lage zu befreien!

Denn sie ist NIEMALS aussichtslos!

Es gibt IMMER etwas, wofür es sich lohnt, weiterzuleben.

Überlege nur genau und wenn dir irgendetwas einfällt, schreib es dir mit Rotstift in den Kalender und vergewissere dich jeden Tag, dass es noch drin steht!

Kämpfe! Denn wer nicht kämpft, hat schon verloren!

Hab' keine Angst davor, wieder „abzurutschen", wenn es dir schon mal etwas besser ging! Du überstehst das mit Sicherheit, lass nur die Zeit mitarbeiten!

Hab' den **Mut**, die alten Ufer zu verlassen, nur so kannst du auch neue entdecken!

Durchbrich den Teufelskreis! Wenn du so weit unten bist, wie jetzt, kann es doch nur BESSER werden! Und das sind doch gute, nein allerbeste, Aussichten!

Verzweifle nicht, wenn viel Zeit ins Land geht, bis du wieder die Vögel singen hörst, dich an einer Blume erfreuen kannst und wenigstens ein kleines Licht am Ende des Tunnels siehst! Denn die ganze Zeit LEBST du!

Und du weißt ja:

„TOT BIST DU NOCH LANGE GENUG!"

__Wundere dich nicht__, wenn du irgendwann plötzlich einmal so etwas wie Freude empfindest, sondern genieße dann dieses Gefühl! Und selbst, wenn du dich über irgendetwas ärgerst, ist das toll!

Denn weißt du noch, he, als du ganz tief „dringesteckt" hast? Da gab es keine Freude, keinen Ärger, keinen Zorn. Da waren nur Gefühl- und Empfindungslosigkeit!

__Wundere dich nicht__, wenn dir plötzlich ein Stück Schokolade wieder schmeckt!

Weißt du noch? Damals? Da hatte alles den gleichen, faden Geschmack.

__Wundere dich nicht__, wenn du dich plötzlich eine kleine Melodie summen hörst!

Kannst du dich an die Zeit erinnern, da es keine Lieder mehr gab in deinem Leben?

__Wundere dich nicht__, wenn ein Kind dir ein Lächeln ins Gesicht zaubert!

Weißt du noch, dass es so etwas wie Freude lange überhaupt nicht gab?

__Wundere dich nicht__, wenn du eines Tages morgens zur Uhr schaust und dich erinnerst, gestern Abend das letzte Mal einen Blick darauf geworfen zu haben! Ja, du hast tatsächlich durchgeschlafen!

Du weißt doch noch, wie du dich nächtelang hin und her gewälzt hast, ohne ein Auge zuzubekommen?

Wundere dich nicht, wenn du eines Morgens, ohne dich zu zwingen, aufstehst und einen Plan hast für den vor dir liegenden Tag!

Weißt du noch, dass das „damals" eine nicht zu bewältigende Herausforderung war?

Wundere dich nicht, wenn du plötzlich wieder ein Buch zur Hand nimmst und auch nach ein paar Wochen noch weißt, was du gelesen hast!

„Damals" musstest du eine einzige Seite zehnmal anfangen, um endlich einen Absatz komplett zu erfassen!

Wundere dich nicht, wenn dein Partner dich liebevoll anschaut und du das erkennst, sondern genieße es!

Erinnere dich! Der Blick war auch während deines absoluten Tiefs so unsagbar mitfühlend, aber du hast es nicht wahrgenommen, nicht wahrnehmen können!

Wundere dich nicht, wenn du plötzlich keinen Sinn mehr darin siehst, deinen Psychotherapeuten jede Woche glücklich zu machen! Er braucht dich nicht wirklich. DU hast IHN gebraucht. Aber jetzt hast du es geschafft! Und er hat noch genug andere Patienten.

Wundere dich nicht, wenn es dir merklich besser geht! Die Zeit wird kommen! Und wenn es dir bis dahin zu lang wird und dich der Gedanke an den Freitod wieder mal verfolgt, denke daran:

„TOT BIST DU NOCH LANGE GENUG!"

Und du,

der du mitbekommst, wie dein Arbeitskollege, dein Nachbar, dein Partner immer weiter abdriftet,

du, der du plötzlich einen völlig veränderten Menschen an deiner Seite hast,

lass dich darauf ein, für ihn oder sie da zu sein!

Versuche, diese Menschen zu verstehen!

Verurteile sie nicht!

Schieße sie nicht noch weiter ins Abseits, als sie es schon sind!

Klopfe keine dummen Sprüche, seien sie auch noch so gut gemeint!

Lästere nicht hintern ihrem Rücken!

Schütze sie, vor sich selbst und anderen!

Steh zu ihnen!

Sprich mit ihnen!

Hör ihnen zu!

Zeig Verständnis!

Biete deine Hilfe an!

Nimm sie einfach mal in den Arm!

Hoffe, dass dich nie dasselbe Schicksal ereilt und dass du nie an den Punkt kommst, wo du dir sagen musst:

„TOT BIST DU NOCH LANGE GENUG!"

Und wenn es dich doch erwischen sollte, dann denke an diese Worte!